WILLIAM

MACBETH

TRAGÉDIE

TEXTE INTÉGRAL

Texte conforme
à l'édition du Livre de Poche (LGF).
Traduction de F.-V. Hugo, révisée
sur les textes originaux
par Yves Florenne et Élisabeth Duret.

Notes explicatives, questionnaires, bilans,
documents et parcours thématique

établis par

Andrew PIASECKI,
Chargé de cours au Royal Holloway
and Bedford New College,

et Guy FONTAINE,
Professeur certifié de Lettres modernes
et cofondateur de Lettres européennes.

Classiques Hachette

La couverture de cet ouvrage a été réalisée avec l'aimable collaboration de la Comédie-Française.
Photographie : Thierry Vasseur.

Crédits photographiques : p. 4 a) Giraudon, portrait de Shakespeare, frontispice de l'édition de ses œuvres, 1623, par Martin Droeshout. b) Hachette, signature autographe de Shakespeare. **p. 8** photo Hachette, gravure publiée par J. C. Krieger. **p. 16-17** Giraudon, *Rencontre de Macbeth et Banquo avec les sorcières,* par Théodore Chassériau. **p. 21** Drayer. **p. 27** Agnès Varda c/o Enguerand. **p. 36** Drayer. **p. 50** Angus Mc Bean. **p. 54** Lauros-Giraudon, *Le Spectre de Banquo,* par Théodore Chassériau, musée Saint-Denis, Reims. **p. 67** Tate Gallery Publications, Cat. N° N2053 N° 3. **p. 76** Lauros-Giraudon. **p. 93** Marc Enguerand. **p. 98** Lauros-Giraudon, *Lady Macbeth,* par Johann Heinrich Füssli, Musée du Louvre, Paris. **p. 117** Cinémagence. **p. 123** Hachette, photo J. Valentine. **p. 136** Hachette, gravures pour *Macbeth,* d'après les dessins de Snurke, et autres dessinateurs. **p. 137** Cinémathèque Française. **p. 139** Agence de Presse Bernand, *Macbeth* mis en scène par Jean Vilar au TNP, avec J. Vilar, 1955. **p. 141** Marc Enguerand, *La Tragédie de Macbeth* mise en scène par J.-P. Vincent à la Comédie-Française, 3.11.85. **p. 143** Agnès Varda c/o Enguerand. **p. 145** Agnès Varda c/o Enguerand. **p. 155** Cinémathèque Française.

ISBN : 2.01.018373.8

SOMMAIRE

Bien que Shakespeare ait composé de très nombreuses pièces (trente-sept sur environ vingt ans) qui ont connu un grand succès commercial, on ne sait que peu de choses sur sa vie. Il a probablement rédigé Macbeth entre 1605 et 1606. On pense que la pièce a été écrite plus particulièrement pour le roi Jacques Ier qui avait accédé au trône en 1603. Homme d'affaires habile aussi bien que brillant dramaturge, Shakespeare a écrit des pièces qui pouvaient plaire à un public royal comme à un public populaire. Macbeth a été vraisemblablement joué à la cour en 1606 dans le cadre des réjouissances organisées pour le roi Christian du Danemark ; nous savons de façon certaine que la pièce a été représentée devant le public du théâtre du Globe en 1611.

Macbeth s'inscrit relativement tard dans la carrière de Shakespeare. Il avait alors plus de quarante ans et avait déjà composé ses principales tragédies Hamlet, Le Roi Lear et Othello ainsi que de nombreuses comédies et pièces historiques. Il vivait à Londres depuis dix-huit ans environ et sa réputation d'auteur dramatique n'était plus à faire. Il possédait des actions dans la troupe qui jouait ses pièces, les « King's Men », ce qui lui assurait une autonomie et une liberté plus importante que celles dont jouissaient ses confrères. La troupe des « King's Men » était la plus célèbre de Londres, et Shakespeare le dramaturge le plus en vue. En 1599, la troupe des « King's Men » a commencé à jouer dans son nouveau théâtre public, le Globe. Au moment où Shakespeare écrivait Macbeth, la troupe négociait déjà pour ouvrir un autre théâtre, « les Blackfriars », achevé en 1608.

Shakespeare est un écrivain éclectique qui a utilisé la matière de très nombreuses sources de façon imaginative, et expérimenté divers aspects du drame. Vers la fin de sa carrière, il adapte et modifie les formes dramatiques utilisées dans ses premières pièces. Ainsi réunit-il, dans Macbeth, des éléments de ses premières pièces historiques et de ses tragédies. Environ cinq ans après avoir écrit Macbeth, sa fortune désormais assurée, Shakespeare s'est retiré dans sa ville natale de Stratford-upon-Avon.

Dates	Tragédies de Shakespeare	Tragédies d'autres auteurs anglais	Événements sur les scènes théâtrales européennes
1581		Traduction par divers auteurs de 10 tragédies de Sénèque.	
1583			*Les Juives*, tragédie de Robert Garnier.
1585			Ouverture du Teatro Olimpico en Italie avec *Œdipe Roi*, version de Giustiniani.
1587		*La Tragédie espagnole*, Thomas Kyd.	
1591		*Arden de Faversham*, anonyme.	
1592		*Docteur Faust*, *Édouard II*, Christopher Marlowe.	
1594	*Titus Andronicus*.		
1595	*Richard II*, *Roméo et Juliette*.		
1599	*Jules César*.		
1600		*La Vengeance d'Antonio*, John Marston.	
1601	*Hamlet*.		
1602			La tragédie *Thésée et Ariane* de Pieter Cornelisz Hooft jouée au Riderijkekammer.
1603		*Séjan*, Ben Jonson.	
1604	*Othello*.		
1605	*Le Roi Lear*.		
1606	*Macbeth*.	*La Tragédie du vengeur*, Cyril Tourneur.	
1607	*Antoine et Cléopâtre*.		
1608	*Coriolan*.		
1612		*Le Démon blanc*, John Webster.	
1614		*La Duchesse de Malfi*, John Webster.	
1621		*Que les femmes se défient des femmes*, Thomas Middleton.	*Pyrame et Thisbé*, Théophile de Viau.
1622		*L'Idiot*, Thomas Middleton et William Rowley.	
1623			Publication des tragédies d'Alexandre Hardy, de 1623 à 1628.
1629			Représentation de la première pièce de Corneille, *Mélite*.
1635			*Médée*, Corneille.
1640			*Cinna*, *Horace*, Corneille.
1664			Représentation de la première pièce de Racine, *La Thébaïde*.
1670			*Bérénice*, Racine.
1677			*Phèdre*, Racine.

Macbeth est l'une des pièces les plus fortes et les plus fascinantes dans l'œuvre de Shakespeare. En Grande-Bretagne, les acteurs en parlent souvent comme de "la pièce écossaise", car ses connotations maléfiques sont telles que la seule mention de son nom est censée porter malheur à ceux qui la jouent. Malgré cette superstition, elle est devenue l'une des pièces de Shakespeare les plus populaires depuis quatre cents ans. Peu de sujets fascinent autant que la possession d'un être humain par les forces du mal. Les nombreuses adaptations scéniques et cinématographiques de la pièce par des metteurs en scène tels que Roman Polanski, Orson Welles et Kurosawa témoignent de son intérêt universel.

Macbeth réunit tous les ingrédients d'une pièce à suspense moderne : le meurtre, l'angoisse, une atmosphère de mal et de surnaturel et un déroulement narratif qui projette le spectateur ou le lecteur d'un acte de violence et d'horreur à un autre. Au cœur de ce tourbillon se trouvent Macbeth et Lady Macbeth que leur ambition effrénée mène au désastre national et à la destruction individuelle.

Mais, outre l'aspect brillant de sa construction dramatique et son intérêt thématique durable, Macbeth a une importance historique et fait date dans le développement du genre tragique. C'est une pièce à cheval sur deux périodes, le Moyen Âge et la Renaissance. Nous y retrouvons les conceptions médiévales de la lutte entre le bien et le mal, représentées à l'échelle individuelle comme nationale. Macbeth a le choix entre le bien et le mal. Il choisit le mal ; ce faisant, il se voue à la damnation éternelle et attire la destruction sur son pays. À l'époque de Shakespeare, de nombreuses références dans la pièce trouvaient un écho chez le public sensible à la signification religieuse de cette histoire où l'ambition humaine ne connaît pas de limites.

En même temps, l'étude des personnalités de Macbeth et de sa femme, étude qui s'intéresse aux conflits intérieurs qui transforment un guerrier loyal en tyran impudent et sans pitié, est le reflet des intérêts de l'humanisme de la Renaissance pour les motivations de l'homme et le conflit entre la volonté de l'individu et les structures traditionnelles de l'État.

Vue du théâtre du Globe, construit en 1599 à Londres, incendié en 1613. Shakespeare y fut acteur et la plupart de ses pièces y furent jouées.

MACBETH

1606

WILLIAM SHAKESPEARE

PERSONNAGES

DUNCAN, roi d'Écosse.

MALCOLM, DONALBAIN, ses fils.

MACBETH, en premier lieu un général, ensuite roi d'Écosse.

BANQUO, un général.

MACDUFF, LENNOX, ROSS, MENTEITH, ANGUS, CAITHNESS, nobles d'Écosse.

FLÉANCE, fils de Banquo.

SIWARD, comte de Northumberland, général de l'armée anglaise.

LE JEUNE SIWARD, son fils.

SETON, porte-enseigne de Macbeth.

LE FILS DE MACDUFF.

UN CAPITAINE.

UN PORTIER.

UN VIEILLARD.

UN MÉDECIN ANGLAIS.

UN MÉDECIN ÉCOSSAIS.

TROIS MEURTRIERS.

LADY MACBETH.

LADY MACDUFF.

UNE DAME SUIVANTE DE LADY MACBETH.

TROIS SORCIÈRES.

HÉCATE.

APPARITIONS.

SEIGNEURS, GENTILSHOMMES, OFFICIERS, SOLDATS, SERVITEURS, MESSAGERS.

La Scène : Écosse et Angleterre.

ACTE PREMIER

SCÈNE PREMIÈRE

En Écosse. Un lieu découvert. Tonnerre et éclairs.

Les trois sorcières entrent.

PREMIÈRE SORCIÈRE. Quand nous réunirons-nous toutes les trois, en coup de tonnerre, en éclair ou en pluie ?

DEUXIÈME SORCIÈRE. Quand le hourvari[1] aura cessé, quand la bataille sera perdue et gagnée.

5 TROISIÈME SORCIÈRE. Ce sera avant le coucher du soleil.

PREMIÈRE SORCIÈRE. En quel lieu ?

DEUXIÈME SORCIÈRE. Sur la bruyère.

TROISIÈME SORCIÈRE. Pour y rencontrer Macbeth.

PREMIÈRE SORCIÈRE. J'y vais, Graymalkin[2] !

10 LES TROIS SORCIÈRES. Paddock appelle... Tout à l'heure !... Le beau est affreux, et l'affreux est beau. Volons dans le brouillard... le brouillard et l'air impur.

Elles s'évanouissent.

SCÈNE 2

Un camp.

Entrent le Roi Duncan, Malcolm, Donalbain, Lennox et leur suite. Ils rencontrent un capitaine blessé.

DUNCAN. Quel est cet homme ensanglanté ? Il peut, à en juger par l'état où il est, nous donner les plus récentes nouvelles de la révolte.

---

1. *hourvari* : tohu-bohu.
2. *Graymalkin, Paddock* : ce sont les démons familiers qu'invoquent les sorcières. *Graymalkin* peut être traduit par : chat gris, *Paddock* par : crapaud.

MALCOLM. C'est le capitaine qui a combattu en bon et hardi
5 soldat pour me sauver de la captivité. Salut, brave ami ! Dis au roi ce que tu sais de la mêlée, telle que tu l'as quittée.

LE CAPITAINE. Elle restait indécise. On eût dit deux nageurs épuisés qui se cramponnent l'un à l'autre et paralysent leurs efforts. L'implacable Macdonald (bien digne d'être un rebelle,
10 tant les vilenies multipliées de la nature pullulent en lui) avait reçu des îles de l'Ouest un renfort de Kernes[1] et de Gallowglasses[2], et la Fortune, souriant à sa révolte damnée, semblait se prostituer au rebelle. Mais tout cela a été trop faible. Car le brave Macbeth (il mérite bien ce nom),
15 dédaignant la Fortune et brandissant son épée toute fumante de ses sanglantes exécutions, en vrai mignon de la Valeur, s'est taillé un passage jusqu'à ce misérable ; et il ne lui a serré la main et ne lui a dit adieu qu'après l'avoir pourfendu du nombril à la mâchoire et avoir fixé sa tête sur nos créneaux.

20 DUNCAN. Ô vaillant cousin ! digne gentilhomme !

LE CAPITAINE. De même que, souvent, au point d'où partent les rayons du soleil, surgissent des tempêtes grosses de naufrages et d'effrayants tonnerres, ainsi de ce qui semblait être une source de joie jaillissent les alarmes. Écoutez, roi
25 d'Écosse, écoutez. À peine la Justice, armée de la Valeur, avait-elle forcé les Kernes bondissants à se fier à leurs talons, que voyant l'avantage, le lord[3] de Norvège, avec des armes fraîchement fourbies et de nouveaux renforts, a commencé un autre assaut.

30 DUNCAN. Cela n'a-t-il pas effrayé nos capitaines, Macbeth et Banquo ?

LE CAPITAINE. Oui, comme le moineau effraie l'aigle, ou le lièvre le lion. Pour dire vrai, je dois déclarer qu'ils étaient comme deux canons chargés à double mitraille, tant ils
35 frappaient sur l'ennemi à coups redoublés ! Voulaient-ils se baigner dans des blessures fumantes, ou immortaliser un

---

1. *les Kernes* : fantassins irlandais.
2. *les Gallowglasses* : cavaliers armés de haches.
3. *le lord* : le seigneur.

second Golgotha[1] : je ne puis le dire... Mais je me sens faiblir, mes plaies crient au secours !

DUNCAN. Tes paroles te vont aussi bien que tes blessures :
40 elles sentent également l'honneur. Allez, qu'on lui donne des chirurgiens !

Qui vient ici ?

Entrent Ross et Angus.

MALCOLM. C'est le digne thane[2] de Ross.

LENNOX. Quel empressement dans ses regards ! Il a l'air
45 d'un homme qui va parler de choses étranges.

ROSS. Dieu sauve le roi !

DUNCAN. D'où viens-tu, digne thane ?

ROSS. De Fife, grand roi, où les bannières norvégiennes narguent le ciel et glacent notre peuple. Le roi de Norvège lui-
50 même, avec ses masses terribles, assisté par le plus déloyal des traîtres, le thane de Cawdor, engageait une lutte fatale, quand Macbeth, le fiancé de Bellone[3], cuirassé à l'épreuve, a affronté le rebelle dans une joute corps à corps, pointe contre pointe, bras contre bras, et a dompté sa fureur sauvage. Pour
55 conclure, la victoire nous échut.

DUNCAN. Ô bonheur !

ROSS. Si bien que maintenant Swéno, roi de Norvège, demande à entrer en composition[4]. Nous n'avons pas daigné lui laisser enterrer ses hommes, qu'il n'eût déboursé, à Saint-
60 Colmes-Inch, dix mille dollars pour notre usage général.

DUNCAN. On ne verra plus ce thane de Cawdor trahir notre plus chère confiance. Allez ! qu'on prononce sa mort, et que du titre qu'il portait on salue Macbeth !

ROSS. Je veillerai à ce que ce soit fait.

65 DUNCAN. Ce qu'il a perdu, le noble Macbeth l'a gagné.

Ils sortent.

1. *le Golgotha* : lieu de la crucifixion du Christ.
2. *thane* : seigneur écossais.
3. *Bellone* : déesse de la guerre à Rome.
4. *entrer en composition* : négocier.

SCÈNE 3

Une lande déserte.

Tonnerre. Entrent les trois sorcières.

PREMIÈRE SORCIÈRE. Où as-tu été, sœur ?

DEUXIÈME SORCIÈRE. Tuer le cochon.

TROISIÈME SORCIÈRE. Et toi, sœur ?

PREMIÈRE SORCIÈRE. La femme d'un matelot avait dans son
5 tablier des châtaignes qu'elle mâchait, mâchait, mâchait... *Donne-m'en,* lui dis-je. *Décampe, sorcière!* crie la carogne nourrie de rebut. Son mari est parti pour Alep, comme patron du *Tigre,* mais je vais m'embarquer à sa poursuite dans un tamis, et, sous la forme d'un rat sans queue, j'agirai, j'agirai,
10 j'agirai !

DEUXIÈME SORCIÈRE. Je te donnerai un vent.

PREMIÈRE SORCIÈRE. Tu es bien bonne.

TROISIÈME SORCIÈRE. Et moi un autre.

PREMIÈRE SORCIÈRE. Et moi-même j'ai tous les autres ; je sais
15 les ports mêmes où ils soufflent, et tous les points marqués sur la carte des marins. Je le rendrai sec comme du foin : le sommeil, ni jour ni nuit, ne se pendra à l'auvent de sa paupière. Il vivra comme un maudit. Neuf fois neuf semaines le rendront malingre, hâve, languissant ; et, si sa barque ne
20 peut sombrer, elle sera du moins battue des tempêtes. Regardez ce que j'ai là.

DEUXIÈME SORCIÈRE. Montre-moi, montre-moi.

PREMIÈRE SORCIÈRE. C'est le pouce d'un pilote qui a fait naufrage en rentrant au port.

Tambours au loin.

25 TROISIÈME SORCIÈRE. Le tambour ! le tambour ! Macbeth arrive !

TOUTES TROIS, *dansant.* Les sœurs fatidiques, la main dans la main, messagères de terre et de mer, ainsi tournent,

tournent. Trois tours pour toi, et trois pour moi, et trois de
30 plus, pour faire neuf. Paix !... Le charme est accompli.

Entrent Macbeth et Banquo.

MACBETH. Je n'ai jamais vu un jour si horrible et si beau.

BANQUO. À quelle distance sommes-nous de Fores ? Quelles sont ces créatures si flétries et si bizarrement mises, qui ne ressemblent pas aux habitants de la terre, et pourtant s'y
35 trouvent ?... Vivez-vous ? Êtes-vous quelque chose qu'un homme puisse questionner ? On dirait que vous me comprenez, à voir chacune de vous placer son doigt noueux sur ses lèvres de parchemin... Vous devez être femmes, et pourtant vos barbes m'empêchent de croire que vous l'êtes.

40 MACBETH. Parlez, si vous pouvez... Qui êtes-vous ?

PREMIÈRE SORCIÈRE. Salut, Macbeth ! salut à toi, thane de Glamis !

DEUXIÈME SORCIÈRE. Salut, Macbeth ! salut à toi, thane de Cawdor !

45 TROISIÈME SORCIÈRE. Salut, Macbeth, qui plus tard seras roi !

BANQUO. Mon bon seigneur, pourquoi tressaillez-vous, et semblez-vous craindre des choses qui sonnent si bien ?

Aux Sorcières.

Au nom de la vérité, êtes-vous fantastiques, ou êtes-vous vraiment ce qu'extérieurement vous paraissez ? Vous saluez
50 mon noble compagnon de ses titres présents et de la haute prédiction d'une noble fortune et d'un avenir royal, si bien qu'il en semble ravi. À moi vous ne parlez pas. Si vous pouvez voir dans les germes du temps, et dire quelle graine grandira et quelle ne grandira pas, parlez-moi donc, à moi qui
55 n'implore et ne redoute ni vos faveurs ni votre haine.

PREMIÈRE SORCIÈRE. Salut !

DEUXIÈME SORCIÈRE. Salut !

TROISIÈME SORCIÈRE. Salut !

PREMIÈRE SORCIÈRE. Moindre que Macbeth, et plus grand !

60 DEUXIÈME SORCIÈRE. Pas si heureux, pourtant bien plus heureux !

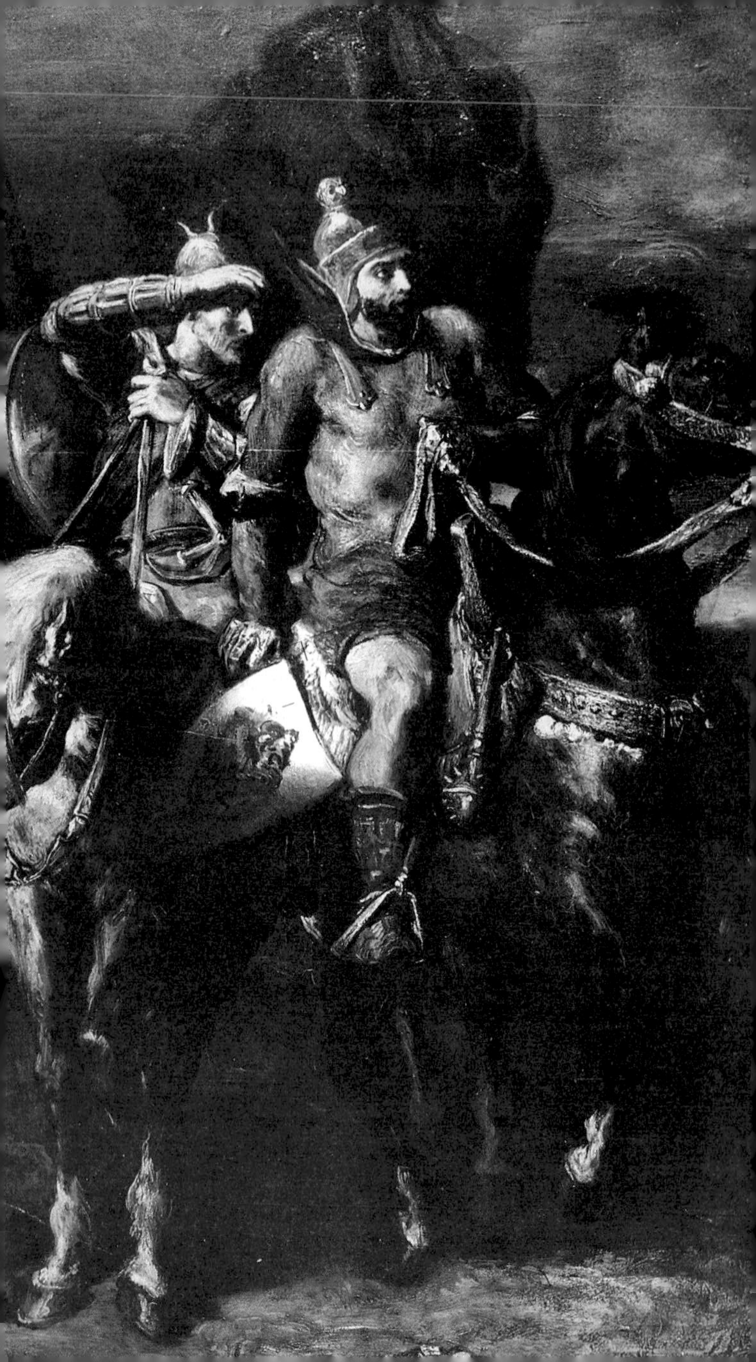

TROISIÈME SORCIÈRE. Tu engendreras des rois, sans être roi toi-même... Donc, salut, Macbeth et Banquo !

PREMIÈRE SORCIÈRE. Banquo et Macbeth, salut !

65 MACBETH. Demeurez, oracles imparfaits ! dites-m'en davantage. Par la mort de Sinel[1], je le sais, je suis thane de Glamis ; mais comment de Cawdor ? Le thane de Cawdor vit, gentilhomme prospère... Et être roi ce n'est pas dans la perspective de ma croyance pas plus que d'être thane de Cawdor. 70 Dites de qui vous tenez cet étrange renseignement, ou pourquoi sur cette bruyère désolée vous barrez notre chemin de ces prophétiques saluts. Parlez ! je vous l'ordonne.

BANQUO. La terre a, comme l'eau, des bulles d'air, et celles-ci en sont : où se sont-elles évanouies ?

75 MACBETH. Dans l'air, et ce qui semblait avoir un corps s'est fondu comme un souffle dans le vent... Que ne sont-elles restées !

BANQUO. Les êtres dont nous parlons étaient-ils ici vraiment ? ou avons-nous mangé de cette folle racine qui fait 80 la raison prisonnière ?

MACBETH. Vos enfants seront rois !

BANQUO. Vous serez roi !

MACBETH. Et thane de Cawdor aussi ! Ne l'ont-elles pas dit ?

BANQUO. Tels étaient l'air et les paroles... Qui va là ?

Entrent Ross et Angus.

85 ROSS. Le roi a reçu avec bonheur, Macbeth, la nouvelle de ton succès ; et, en apprenant comment tu risquas ta vie dans le combat contre les révoltés, son admiration et son enthousiasme luttent à qui s'exprimera en premier. Interdit par tous les exploits que tu accomplis dans la même journée, il te 90 trouve dans les rangs des Norvégiens intrépides, impassible devant toutes ces images de mort que ta dague semait. Avec la rapidité de la parole, les courriers succédaient aux courriers, et chacun d'eux rapportait tes prouesses dans cette grandiose défense de son royaume et les versait à ses pieds.

1. *Sinel* : nom donné au père de Macbeth.

95 ANGUS. Nous sommes envoyés pour te transmettre les remerciements de notre royal maître : chargés seulement de t'introduire en sa présence, et non de te récompenser.

ROSS. Et, en gage d'un plus grand honneur, il m'a dit de t'appeler, de sa part, thane de Cawdor. Salut donc, digne 100 thane, sous ce titre nouveau qui est le tien désormais !

BANQUO, *à part.* Quoi donc ! le diable peut-il dire vrai ?

MACBETH. Le thane de Cawdor vit ; pourquoi me revêtez-vous de manteaux empruntés ?

ANGUS. Celui qui était thane de Cawdor vit encore ; mais un 105 lourd jugement pèse sur sa vie, qu'il a mérité de perdre. Était-il ouvertement ligué avec ceux de Norvège ? ou a-t-il appuyé le rebelle par des secours et des subsides[1] cachés ? ou bien a-t-il travaillé par une double complicité à la perte de son pays ? Je ne sais pas ; mais le crime de haute trahison prouvé 110 et avoué a causé sa chute.

MACBETH, *à part.* Glamis, et thane de Cawdor ! Le plus grand est encore à venir !

Haut, à Angus.

Merci pour votre peine !

Bas, à Banquo.

N'espérez-vous pas que vos enfants seront rois, puisque celles 115 qui m'ont donné le titre de Cawdor ne leur ont pas promis moins qu'un trône ?

BANQUO, *bas, à Macbeth.* Une conviction trop absolue pourrait bien vous faire désirer ardemment la couronne au-dessus du titre de Cawdor. Mais c'est étrange. Souvent, pour 120 nous attirer à notre perte, les instruments des ténèbres nous disent des vérités ; ils nous séduisent par d'innocentes bagatelles, pour nous pousser en traîtres aux conséquences les plus profondes.

1. *subsides* : aide matérielle.

À Ross et à Angus.

Cousins, un mot, je vous prie !

125 MACBETH, *à part.* Deux vérités ont été dites, heureux prologues à ce drame gros d'un dénouement impérial dont le thème est la royauté.

À Ross et à Angus.

Merci, messieurs !

À part.

Cette sollicitation surnaturelle ne peut être mauvaise, ne peut
130 être bonne... Si elle est mauvaise, pourquoi m'a-t-elle donné un gage de succès, en commençant par une vérité ? Je suis thane de Cawdor... Si elle est bonne, pourquoi cédé-je à une suggestion dont l'épouvantable image fait que mes cheveux se dressent et que mon cœur si ferme se heurte à mes côtes,
135 contrairement aux lois de la nature ? L'inquiétude que j'éprouve n'est rien à côté des horreurs que je ressens. Ma pensée, où le meurtre n'est encore qu'imaginaire, ébranle à ce point ma faible nature d'homme, que ses fonctions sont paralysées par une conjecture[1], et rien n'est pour moi que ce
140 qui n'est pas.

BANQUO. Voyez comme notre compagnon est absorbé.

MACBETH, *à part.* Si la chance veut me faire roi, eh bien ! la chance peut me couronner sans que je m'en mêle.

BANQUO. Les honneurs nouveaux se posent sur lui comme
145 des vêtements encore étrangers : ils ne prendront sa forme qu'à l'usage.

MACBETH, *à part.* Advienne que pourra ! L'heure et le temps traversent la plus rude journée.

BANQUO. Digne Macbeth, nous attendons votre bon plaisir.

150 MACBETH, *à Ross et à Angus.* Excusez-moi : des choses oubliées venaient travailler mon cerveau fatigué. Bons sei-

1. *conjecture* : supposition.

gneurs, vos services sont consignés sur un registre dont je tourne chaque jour la feuille pour les lire. Allons retrouver le roi.

À Banquo.

155 Pensez à ce qui est arrivé ; et, dans quelque temps, après réflexions, nous en reparlerons à cœur ouvert.

BANQUO. Très volontiers.

MACBETH. Jusque-là, assez !... Allons, amis !

Ils sortent.

La Rencontre avec les sorcières, gravure de W. Bromley d'après un dessin de Johann Heinrich Füssli (1741-1825).

Questions

Compréhension

1. *Scène 1 : pourquoi la pièce commence-t-elle par le bref dialogue des trois sorcières ? Quelle ambiance est ainsi créée ?*

2. *Scène 2 : quels épisodes de la bataille le capitaine raconte-t-il ? En quoi ce récit nous éclaire-t-il sur le contexte historique ? Qu'apprenons-nous de Macbeth ? Qui a-t-il tué ? Qui s'est battu aux côtés de Macbeth ?*
À la fin de la scène, quel titre Duncan donne-t-il à Macbeth ?

3. *Scène 3 : dans quel paysage apparaissent les sorcières ? Comment Shakespeare, aux scènes 1 et 3, crée-t-il une ambiance surnaturelle ? Que prédisent les sorcières ? Comment Macbeth réagit-il ? Et Banquo ? Quelles nouvelles Ross et Angus apportent-ils ? Ces nouvelles concordent-elles avec les prédictions des sorcières ?*

Ecriture

4. *Scènes 1, 2, 3 : comparez le niveau de langue de Duncan et celui des sorcières.*

5. *Scène 2 : réécrivez le récit du capitaine sous forme d'un communiqué militaire établi par un État-major.*

6. *Scène 3 : quel effet produisent toutes les interrogations formulées par Macbeth et Banquo ?*

Mise en scène

7. *Les costumes : quels costumes, quel maquillage, attribueriez-vous :*
— aux sorcières,
— à Duncan,
— au capitaine (comment matérialiser le contraste entre le soldat qui revient du combat et le roi ?).

8. *Les effets sonores : quels effets sonores sont-ils utilisés dans les scènes 1, 2, 3 ? À quels effets spéciaux pourriez-vous recourir pour créer une atmosphère d'inquiétante étrangeté, dans la scène 3 en particulier ?*

SCÈNE 4

Fores. Une chambre dans le palais.

Fanfare. Entrent le Roi Duncan, Malcolm, Donalbain, Lennox et leur suite.

DUNCAN. A-t-on exécuté Cawdor? Ceux que j'en avais chargés ne sont-ils pas encore de retour?

MALCOLM. Mon suzerain, ils ne sont pas encore revenus, mais j'ai parlé à quelqu'un qui l'a vu mourir. D'après son
5 rapport, Cawdor a très franchement avoué sa trahison, imploré le pardon de Votre Altesse et montré un profond repentir; rien dans sa vie ne l'honore plus que la façon dont il l'a quittée : il est mort en homme qui s'était exercé à mourir, jetant son bien le plus précieux comme un futile
10 colifichet.

DUNCAN. Il n'est point d'art pour découvrir sur le visage les dispositions de l'âme : c'était un gentilhomme sur qui j'avais fondé une confiance absolue!

Entrent Macbeth, Banquo, Ross et Angus.

À Macbeth.

Oh! mon noble cousin!
15 Le péché de mon ingratitude me pesait déjà. Tu as une telle avance que même volant à tire-d'aile, la gratitude ne peut te rattraper. Que n'as-tu mérité moins! J'aurais pu mieux te remercier et te récompenser. Tout ce qui me reste à dire, c'est qu'il t'est dû plus que je ne puis te payer.

20 MACBETH. L'obéissance et la loyauté que je vous dois trouvent en elles-mêmes leur récompense. Le rôle de Votre Altesse est de recevoir nos devoirs qui sont pour votre trône et pour l'État, des enfants, des serviteurs. Ils ne font que ce qu'ils doivent en agissant bien pour votre bonheur et votre gloire.

25 DUNCAN, *à Macbeth.* Sois le bienvenu ici! Je viens de te planter, et je travaillerai à te faire parvenir à la plus haute croissance.

À Banquo.

Noble Banquo, toi qui n'as pas moins mérité, et dont les services doivent être également reconnus, laisse-moi 30 t'embrasser et te tenir sur mon cœur.

BANQUO. Si là j'ai croissance, la récolte est pour vous.

DUNCAN. Ma joie exubérante, débordant dans sa plénitude, cherche à se déguiser en larmes de tristesse. Mes fils, mes parents, vous, thanes et vous, dont le rang est le plus proche, 35 sachez que nous[1] voulons léguer notre royaume à notre aîné, Malcolm, que nous nommons désormais prince de Cumberland. Ces honneurs, à lui conférés, ne doivent pas être isolés ; mais les signes de noblesse brilleront, comme des étoiles, sur tous ceux qui les méritent. Partons pour Inverness, 40 pour nous lier plus étroitement à vous.

MACBETH. Le repos que je n'emploie pas à vous servir est fatigue. Je serai moi-même votre courrier, et je réjouirai ma femme en lui annonçant votre venue. Sur ce, je prends humblement congé de vous.

45 DUNCAN. Mon digne Cawdor !

MACBETH, *à part.* Le prince de Cumberland ! Voilà une marche que je dois franchir sous peine de faire une chute, car elle est en travers de mon chemin. Étoiles, cachez vos feux ! Que la lumière ne voie pas mes sombres et profonds désirs ! 50 Que mon œil ne regarde pas ma main, mais pourtant qu'elle accomplisse ce que mon œil n'osera regarder une fois fait !

Il sort.

DUNCAN. C'est vrai, digne Banquo : il est aussi vaillant que tu le dis. Je me nourris des éloges qu'il reçoit ; c'est un banquet pour moi. Suivons-le, lui dont le zèle nous a devancé 55 pour nous préparer un meilleur accueil. C'est un parent sans égal.

Fanfares. Ils sortent.

1. *nous* : le roi utilise le pluriel de majesté.

SCÈNE 5

Inverness. Devant le château de Macbeth.

Entre la femme de Macbeth, seule, tenant une lettre.

LADY MACBETH. « ... Elles sont venues à ma rencontre dans le jour de la victoire, et j'ai appris par la plus complète révélation qu'elles ont en elles une science plus qu'humaine. Alors que je brûlais du désir de les questionner plus à fond,
5 elles se sont évaporées, changées en air. J'étais encore ravi par la surprise quand sont arrivés des messagers du roi, qui m'ont proclamé thane de Cawdor, titre dont venaient de me saluer les sœurs fatidiques en m'ajournant aux temps à venir par ces mots : *Salut à toi, qui seras roi !* J'ai trouvé bon de te confier
10 cela, compagne chérie de ma grandeur, afin que tu ne perdes pas ta part légitime de joie, dans l'ignorance de la grandeur qui t'est promise. Garde cela dans ton cœur, et adieu ! »

Tu es Glamis et Cawdor, et tu seras ce qu'on t'a promis... Mais je me défie de ta nature : elle est trop pleine du lait de la
15 tendresse humaine pour que tu saisisses le plus court chemin. Tu voudrais la grandeur ; tu as de l'ambition, mais tu n'as pas la cruauté qui devrait l'accompagner. Ce que tu veux vivement, tu le veux saintement : tu ne voudrais pas tricher, et tu voudrais une victoire imméritée. Ton but, noble Glamis, te
20 crie : « Fais cela pour m'atteindre. » Et cela, tu as plutôt peur de le faire que désir de ne pas le faire. Accours ici, que, dans ton oreille, j'insuffle le courage, et que ma langue résolue chasse tout ce qui t'écarte du cercle d'or dont le destin et une puissance surnaturelle semblent t'avoir couronné !

Entre un Serviteur.

25 Quelles nouvelles apportes-tu ?

LE SERVITEUR. Le roi arrive ici ce soir.

LADY MACBETH. Tu es fou de dire cela. Ton maître n'est-il pas avec lui ? Si cela était, il m'aurait avertie de faire des préparatifs.

30 LE SERVITEUR. La chose est certaine, ne vous en déplaise ! Notre thane approche ; il s'est fait devancer par un de mes

camarades, qui hors d'haleine et chancelant, a eu à peine la force de transmettre son message.

LADY MACBETH. Qu'on prenne soin de lui ! Il apporte une 35 grande nouvelle.

Le Serviteur sort.

Le corbeau lui-même s'est enroué à croasser l'entrée fatale de Duncan sous mes créneaux. Venez, venez, esprits qui assistez les pensées meurtrières ! Débarrassez-moi de mon sexe[1] ! et de la tête aux pieds, remplissez-moi toute de la plus atroce 40 cruauté ; épaississez mon sang ; fermez en moi tout accès, tout passage à la pitié. Qu'aucun retour compatissant de la nature n'ébranle ma volonté farouche et ne s'interpose entre elle et l'exécution ! Venez à mes seins de femme, prendre mon lait changé en fiel, vous, ministres du meurtre, quel que soit le lieu 45 où, invisibles substances, vous présidiez aux crimes de la nature. Viens, nuit épaisse, et enveloppe-toi de la plus sombre fumée de l'enfer : que mon couteau aigu ne voie pas la blessure qu'il va faire ; et que le ciel perçant le linceul des ténèbres ne puisse me crier : « Arrête ! arrête ! »

Entre Macbeth.

50 Grand Glamis ! noble Cawdor ! plus grand que tout cela par le salut prophétique ! Ta lettre m'a transportée au-delà de ce présent ignorant, et je ne sens plus en cet instant que l'avenir.

MACBETH. Mon cher amour, Duncan arrive ici ce soir.

LADY MACBETH. Et quand repart-il ?

55 MACBETH. Demain... C'est son intention.

LADY MACBETH. Oh ! jamais le soleil ne verra ce demain !... Votre visage, mon thane, est comme un livre où les hommes peuvent lire d'étranges choses. Pour tromper le monde, paraissez comme le monde : ayez la cordialité dans le regard, 60 dans le geste, dans la voix ; ayez l'air de la fleur innocente, mais soyez le serpent qu'elle cache... Occupons-nous de celui

---

1. *débarrassez-moi de mon sexe* : afin d'agir sans pitié, Lady Macbeth voudrait être débarrassée de sa nature féminine.

qui vient ; et laissez-moi la charge de la grande affaire de cette nuit, qui, pour toutes les nuits et tous les jours à venir, nous assurera une autocratie souveraine et l'empire absolu.

65 MACBETH. Nous en reparlerons.

LADY MACBETH. Ayez seulement le front serein : changer de visage prouve qu'on a peur. Pour le reste, laissez-moi faire.

Ils sortent.

Maria Casarès (Lady Macbeth) et Jean Vilar (Macbeth) dans une mise en scène de J. Vilar au TNP (1954).

Questions

Compréhension

1. *Scène 4 : qu'est-ce que Malcolm nous apprend, à propos de Cawdor ? Dans quel état d'esprit meurt-il ? Quelles sont les intentions de Duncan pour son fils Malcolm ?*

2. *Macbeth parle plusieurs fois à Duncan de son devoir : est-il sincère ? À quelles nouvelles résolutions l'ambition pousse-t-elle Macbeth ?*

3. *Scène 5 : qui a écrit à Lady Macbeth ? Que rapporte cette lettre ? Que pense Lady Macbeth du caractère de son mari ? Quelle idée naît en son esprit quand elle apprend que Duncan passera la nuit chez elle ? Quels conseils donne-t-elle à Macbeth ?*

Ecriture

4. *Scène 4 : relevez le vocabulaire utilisé par Duncan. Repérez ses erreurs psychologiques.*

5. *Scènes 4 et 5 : l'être et le paraître : comparez les propos de Macbeth en public (en présence du roi) et en privé (seul ou avec sa femme).*

6. *Scène 5 : analysez le discours de Lady Macbeth : à qui s'adresse-t-elle ? Quel vocabulaire utilise-t-elle ?*

Mise en scène

7. *Scène 4 : comment mettre en scène l'hypocrisie de Macbeth ?*

8. *Scène 4 : quatre protagonistes échangent des répliques, alors que dix personnages sont sur scène. Quel effet est ici recherché ?*

9. *Scène 5, costumes et éclairages :*
— Nous sommes chez Macbeth. Comment figurer scéniquement ce changement de lieu (éclairage, décor, etc.) ?
— Quel costume, quel maquillage attribueriez-vous à Lady Macbeth ?

10. *Direction d'acteurs : il existe un rapport de force entre Lady Macbeth et son mari. En faveur de qui ? Comment le traduire scéniquement ?*

SCÈNE 6

Hautbois. Entrent le Roi Duncan, Malcolm, Donalbain, Banquo, Lennox, Macduff, Ross, Angus et leur suite.

DUNCAN. La situation de ce château est charmante ; l'air se recommande à nos sens délicats par sa légèreté et sa douceur.

BANQUO. Cet hôte de l'été, le martinet familier des temples,
5 prouve, en y construisant sa chère résidence, que l'haleine du ciel a ici des caresses embaumées : pas de saillie, de frise, d'arc-boutant, de coin favorable, où cet oiseau n'ait suspendu son lit et son berceau fécond ! J'ai observé que là où cet oiseau habite et multiplie, l'air est très pur.

Entre Lady Macbeth.

10 DUNCAN. Voyez ! voyez ! Notre hôtesse honorée ! L'amour qui nous poursuit a beau nous déranger parfois, nous remercions pourtant l'affection qui le cause. Ainsi je vous apprends à prier Dieu pour la peine que nous vous donnons, à nous remercier de vous déranger.

15 LADY MACBETH. Tous nos services, fussent-ils en tout point doublés et quadruplés, seraient une pauvre et piètre offrande, comparés aux dignités si nombreuses et si importantes dont Votre Majesté comble notre maison. Vos bienfaits passés et les dignités récentes que vous y avez ajoutées font de nous
20 des ermites voués à prier pour vous.

DUNCAN. Où est le thane de Cawdor ? Nous courions après lui, dans l'intention d'être son maréchal des logis, mais il est bon cavalier, et son grand amour, aussi vif que l'éperon, l'a amené avant nous chez lui. Belle et noble hôtesse, nous
25 sommes votre hôte cette nuit.

LADY MACBETH. Vos serviteurs tiennent leurs biens, leurs gens et leur vie pour un dépôt dont ils doivent compte au bon plaisir de Votre Altesse, afin de lui rendre toujours ce qui lui est dû.

30 DUNCAN. Donnez-moi votre main ; conduisez-moi à mon hôte. Nous l'aimons au plus haut point et nous lui continuerons nos faveurs. Hôtesse, avec votre permission !

Ils sortent.

SCÈNE 7

Une cour du château de Macbeth.

Hautbois et torches. Entre un majordome donnant des ordres à plusieurs valets passant avec plats et services à travers la cour. Alors entre Macbeth.

MACBETH. Si, une fois fait, c'était fini, il vaudrait mieux en finir vite. Si l'assassinat pouvait capturer les conséquences et à son terme apporter le succès ; si ce coup pouvait être tout et la fin de tout, ici-bas, rien qu'ici-bas, sur le sable mouvant de ce
5 monde, nous risquerions la vie future. Mais ces actes-là trouvent toujours ici-bas leur sentence. Les leçons sanglantes que nous enseignons reviennent, une fois apprises, châtier le précepteur. La justice impartiale présente à nos propres lèvres le calice empoisonné par nos soins... Il est ici sous une double
10 sauvegarde. D'abord, je suis son parent et son sujet : deux raisons puissantes contre cet acte ; ensuite, je suis son hôte : à ce titre, je devrais fermer la porte au meurtrier, et non porter moi-même le couteau. Et, puis, ce Duncan a exercé son pouvoir avec tant de douceur, il a été si pur dans ses hautes
15 fonctions, que ses vertus emboucheraient la trompette des anges pour dénoncer le crime damné qui l'aurait fait disparaître ; et la pitié, pareille à un nouveau-né tout nu chevauchant l'ouragan, ou à un chérubin céleste qui monte les coursiers invisibles de l'air, claironnerait l'horrible action aux
20 oreilles de tous, jusqu'à noyer le vent dans un déluge de larmes... Je n'ai, pour presser les flancs de ma volonté, que l'éperon d'une ambition qui veut bondir en selle et se laisse désarçonner...

Entre Lady Macbeth.

Eh bien ! quoi de nouveau ?

25 LADY MACBETH. Il a presque terminé son souper... Pourquoi avez-vous quitté la salle ?

MACBETH. M'a-t-il demandé ?

LADY MACBETH. Ne le savez-vous pas ?

MACBETH. Nous n'irons pas plus loin dans cette affaire. Il 30 vient de m'honorer ; et j'ai acquis chez toutes les classes du peuple une réputation dorée qu'il convient de porter maintenant dans l'éclat de sa fraîcheur, et non de jeter sitôt de côté.

LADY MACBETH. Était-elle donc ivre, l'espérance dans 35 laquelle vous vous drapiez ? s'est-elle endormie depuis ? et s'éveille-t-elle pour verdir et pâlir ainsi devant ce qu'elle contemplait si volontiers ? Désormais je ferai le même cas de ton amour. As-tu peur d'être dans tes actes et dans ta résolution le même que dans ton désir ? Voudrais-tu avoir ce 40 que tu estimes être l'ornement de la vie, et vivre couard dans ta propre estime, laissant un *je n'ose pas* suivre un *je voudrais*, comme le pauvre chat du proverbe[1] ?

MACBETH. Paix ! je te prie. J'ose tout ce qui sied à un homme : qui ose au-delà n'en est plus un.

45 LADY MACBETH. Quelle est donc la bête qui vous a poussé à me révéler cette affaire ? Quand vous l'avez osé, vous étiez un homme ; maintenant, soyez plus que vous n'étiez, vous n'en serez que plus homme. Ni l'occasion, ni le lieu, ne s'offraient alors, et vous vouliez pourtant les créer tous deux. Ils se sont 50 créés d'eux-mêmes, et voilà que leur concours vous anéantit. J'ai allaité, et je sais combien j'aime tendrement le petit qui me tète : eh bien ! au moment où il souriait à ma face, j'aurais arraché le bout de mon sein de ses gencives sans os, et je lui aurais fait jaillir la cervelle, si je l'avais juré comme vous avez 55 juré ceci !

MACBETH. Si nous allions échouer !

LADY MACBETH. Nous, échouer ! Chevillez seulement votre courage au cran d'arrêt, et nous n'échouerons pas. Lorsque

1. *proverbe* : un proverbe traditionnel anglais dit ceci : le chat veut manger le poisson, mais il ne veut pas se mouiller les pattes.

Duncan sera endormi (et le rude voyage d'aujourd'hui va
60 l'inviter bien vite à un somme profond), j'aurai raison de ses deux chambellans en les gorgeant de vin et d'hydromel, au point que la mémoire, gardienne de leur cervelle, ne sera que fumée, et le réceptacle de leur raison qu'un alambic. Quand imbibés de vin, ivres morts, ils seront plongés dans un
65 sommeil de pourceau que ne pourrons-nous, vous et moi, exécuter sur Duncan sans défense ? Que ne pourrons-nous imputer à ses chambellans, placés là, comme des éponges, pour absorber le crime de ce grand meurtre ?

MACBETH. Ne mets au monde que des enfants mâles ! car ta
70 nature indomptée ne saurait façonner que des mâles... Ne sera-t-il pas admis par tous, quand nous aurons marqué de sang ses deux chambellans endormis et employé leurs propres poignards, que ce sont eux qui ont fait la chose ?

LADY MACBETH. Qui osera admettre le contraire, quand
75 nous ferons rugir notre douleur et nos lamentations sur sa mort ?

MACBETH. Me voilà résolu : je vais tendre tous les ressorts de mon être vers cet acte terrible. Allons ! et leurrons notre monde par la plus sereine apparence. Un visage faux doit
80 cacher ce que sait un cœur faux.

Ils sortent.

Questions

Compréhension

1. *Scène 6 : quel personnage important fait défaut pour accueillir le roi ? Comment expliquer cela ? Comment Lady Macbeth tient-elle son rôle d'hôtesse ?*

2. *Scène 7 : que font les protagonistes de la scène 6 pendant le monologue de Macbeth ?*

3. *Quelles sont les raisons invoquées par Macbeth pour ne pas tuer Duncan ? Quels sont les arguments présentés par sa femme pour le convaincre d'exécuter son crime ? Comment envisage-t-elle de déguiser le crime ?*

Ecriture

4. *Scène 6 : c'est la dernière fois que nous voyons Duncan sur scène. Quel champ lexical privilégie-t-il ? Que savons-nous de sa personnalité ?*

5. *Comment les propos de Lady Macbeth traduisent-ils le décalage entre l'être et le paraître ?*

6. *Scène 7 : repérez le champ lexical de la violence dans les répliques de Lady Macbeth. Quels traits masculins ses propos valorisent-ils ?*

Mise en scène

7. *Scène 6 : quels effets scéniques peut-on tirer du décalage entre l'inconscience de Banquo et Duncan et les projets criminels de Lady Macbeth :*
— humour noir ?
— pathétique ?
— burlesque ?

8. *Scène 7 : Macbeth tuera-t-il ou ne tuera-t-il pas Duncan ? Comment le comédien peut-il entretenir le suspense ?*

9. *Comment traduire scéniquement la pression exercée par Lady Macbeth sur son mari ?*

Bilan

L'action

• Ce que nous savons

*Macbeth et Banquo, deux généraux du roi Duncan, ont délivré son royaume, l'Écosse, de troubles intérieurs, et ont repoussé une invasion étrangère. Des sorcières inquiétantes leur font d'étranges prédictions : le premier sera thane de Cawdor et roi d'Écosse, la descendance du second montera sur le trône. Et le roi Duncan confirme à l'ambitieux Macbeth une partie des prophéties des sorcières, en le nommant thane de Cawdor. Mais quand le souverain lui dit son intention de confier sa couronne à son propre fils Malcolm, Macbeth est dévoré par l'ambition : et voilà que Duncan envisage de passer une nuit dans le château du nouveau thane. L'idée du régicide** grandit alors, tempérée par un loyalisme que Lady Macbeth fait vite voler en éclats. « Je vais tendre tous les ressorts de mon être vers cet acte horrible », dit Macbeth à la fin de l'acte I.*

* Assassin d'un roi

• À quoi faut-il nous attendre ?

Le désir de Macbeth d'être roi fera-t-il taire sa conscience ? Un régicide peut-il être un roi heureux ?

Les personnages

• Ce que nous savons

Macbeth : *général victorieux dévoré d'ambition, il est gagné par l'obsession du pouvoir, après avoir rencontré les sorcières. Sa femme étouffe ses derniers scrupules.*

Lady Macbeth : *dès qu'elle reçoit la lettre de son mari lui annonçant la prédiction des sorcières et la visite du roi, elle envisage le meurtre de Duncan. Elle l'accueille hypocritement avec cérémonie, et manifeste l'étendue de son pouvoir sur Macbeth, en le convainquant de devenir criminel.*

Duncan : *le roi croit avoir un réel pouvoir sur les événements ; il exécute le félon Cawdor, donne son titre de thane à Macbeth, et nomme son fils prince de Cumberland. Croyant s'y connaître en hommes, il commet l'erreur psychologique fatale de s'inviter chez Macbeth, à Inverness.*

Banquo *: aussi valeureux au combat que Macbeth, il entend lui aussi les prédictions des sorcières, ce qui n'entame en rien son loyalisme. Ce sentiment l'empêche de soupçonner Macbeth.*

• *Pour aller plus loin*

Les personnages sont-ils maîtres de leur destin ?

L'écriture

• *Ce que nous savons*

L'imaginaire de chaque personnage, traduit par le langage qu'il utilise, contribue à lui donner une vision fausse du réel : les propos des sorcières, mi-réalistes, mi-fabuleux, sont emblématiques de l'écriture de toute la pièce ; Duncan utilise le vocabulaire de la moisson : c'est lui qui sera fauché. Banquo et lui trouvent agréable le château de Macbeth : ce sera le lieu du crime. Lady Macbeth fait surgir des images terribles, qu'elle croit maîtriser : les esprits qu'elle invoque lui rendront la vie insupportable.

• *Pour aller plus loin*

En quoi le langage de Macbeth est-il révélateur de l'ambiguïté de son caractère ? Où passe, chez les personnages principaux, la frontière entre l'être et le paraître ?

Macbeth et son épouse après le meurtre de Duncan, gravure de J. Heath (1804) d'après un dessin de Johann Heinrich Füssli (1741-1825).

ACTE II

SCÈNE PREMIÈRE

Entrent Banquo et Fléance portant un flambeau.

BANQUO. Où en est la nuit, enfant ?

FLÉANCE. La lune est couchée ; je n'ai pas entendu l'horloge.

BANQUO. Et elle se couche à minuit.

FLÉANCE. Je conclus qu'il est plus tard, monsieur.

5 BANQUO. Tiens ! prends mon épée... Le ciel fait des économies : il a éteint toutes ses chandelles... Emporte ça aussi. Le poids de la fatigue pèse sur moi comme du plomb, et pourtant je ne voudrais pas dormir. Puissances miséricordieuses, réprimez en moi les pensées maudites auxquelles 10 notre nature s'abandonne dans le repos !... Donne-moi mon épée.

Entrent Macbeth et un Serviteur qui porte un flambeau.

Qui va là ?

MACBETH. Un ami.

BANQUO. Quoi ! monsieur, pas encore au lit ! Le roi est 15 couché. Il a été d'une bonne humeur rare, et il a fait de grandes largesses à vos gens. Il présente ce diamant à votre femme qu'il appelle « sa très aimable hôtesse » ; et il s'est retiré dans un contentement inexprimable.

MACBETH. Prise à l'improviste, notre bonne volonté s'est 20 trouvée insuffisante ; sans cela, elle se fût exercée largement.

BANQUO. Tout est bien... J'ai rêvé, la nuit dernière, des trois sœurs fatidiques... Pour vous, elles se sont montrées assez véridiques.

MACBETH. Je n'y pense plus. Cependant, quand nous 25 trouverons un moment propice, nous échangerons quelques mots sur ce sujet, si vous y consentez.

BANQUO. Quand cela vous plaira.

MACBETH. Si vous adhérez à mes vues, le moment venu... vous y gagnerez de l'honneur.

30 BANQUO. Pourvu que je ne le perde pas en cherchant à l'augmenter, et que je garde toujours ma conscience libre et ma loyauté intacte, je me laisse conseiller.

MACBETH. Bonne nuit, en attendant !

BANQUO. Merci, monsieur, et vous de même !

Sortent Banquo et Fléance.

35 MACBETH, *au Serviteur.* Va dire à ta maîtresse qu'elle sonne la cloche quand ma boisson sera prête. Et couche-toi.

Sort le Serviteur.

Est-ce un poignard que je vois là devant moi, le manche vers ma main ? Viens, que je te saisisse ! Je ne te tiens pas, et pourtant je te vois toujours. N'es-tu pas, vision fatale, sensible 40 au toucher, comme à la vue ? ou n'es-tu qu'un poignard imaginaire, trompeuse création émanée d'un cerveau en feu ? Je te vois pourtant, aussi palpable en apparence que celui que je dégaine en ce moment. Tu m'indiques le chemin que j'allais prendre, et tu es bien l'instrument que j'allais 45 employer. Ou mes yeux sont les jouets de mes autres sens , ou seuls ils les valent tous. Je te vois toujours, et, sur ta lame et sur ton manche, des gouttes de sang qui n'y étaient pas tout à l'heure... Mais non, rien de pareil ! C'est cette sanglante affaire qui prend forme ainsi à ma vue... Maintenant, sur la moitié de 50 ce monde, la nature semble morte, et les rêves mauvais abusent le sommeil sous ses rideaux ; maintenant, la sorcellerie offre ses sacrifices à la pâle Hécate[1], et le meurtre hâve, éveillé en sursaut par le loup, sa sentinelle, dont le hurlement est son cri d'alarme, s'avance ainsi avec les pas furtifs du 55 Tarquin[2] ravisseur, et marche à son projet comme un spectre... Toi, terre solide et ferme, n'entends point mes pas, quelque chemin qu'ils prennent, de peur que tes pierres

1. *Hécate* : déesse des enfers.
2. *Tarquin* : dernier roi de Rome, Tarquin le Superbe est coupable du rapt de Lucrèce. Il fut chassé de Rome en 510 avant Jésus-Christ.

mêmes n'annoncent mon approche, et ne retirent à ce moment la muette horreur qui lui va si bien !... Tandis que je menace, l'autre vit. Les mots jettent un souffle glacé sur le feu de l'action.

La cloche sonne.

J'y vais, et c'est fait : la cloche m'invite. Ne l'entends pas, Duncan, car c'est le glas* qui t'appelle au ciel ou en enfer.

* Tintement d'une cloche qui annonce l'agonie ou la mort d'une personne

Il sort.

SCÈNE 2

Entre Lady Macbeth tenant une coupe.

LADY MACBETH. Ce qui les a rendus ivres m'a rendue hardie. Ce qui les a éteints m'a enflammée. Écoutez ! paix !... C'est le hibou qui a crié, fatal carillonneur qui donne le plus sinistre bonsoir... Il est à l'œuvre ! Les portes sont ouvertes, et les grooms gorgés narguent leur office par des ronflements : j'ai drogué leur potion du soir, si bien que la mort et la nature disputent entre elles s'ils vivent ou s'ils meurent.

MACBETH, *à l'intérieur.* Qui est là ?... Holà !

LADY MACBETH. Hélas ! j'ai peur qu'ils ne se soient éveillés et que ce ne soit pas fait : c'est la tentative, non l'acte, qui nous perd. Écoutons... J'avais préparé leurs poignards : il a dû forcément les trouver... S'il n'avait pas ressemblé dans son sommeil à mon père, je l'aurais fait moi-même... Mon mari !

Entre Macbeth.

MACBETH. C'est fait... N'as-tu rien entendu ?

LADY MACBETH. J'ai entendu le hibou huer et le grillon crier. N'avez-vous pas parlé ?

MACBETH. Quand ?

LADY MACBETH. À l'instant même.

MACBETH. Quand je descendais ?

LADY MACBETH. Oui.

MACBETH. Écoute !... Qui couche dans la seconde chambre ?

LADY MACBETH. Donalbain.

MACBETH. Voilà une chose horrible à voir !

LADY MACBETH. Il est stupide de dire : c'est horrible à voir.

25 MACBETH. Il y en a un qui a ri dans son sommeil et un qui a crié : « Au meurtre ! » Si bien qu'ils se sont éveillés l'un et l'autre. Je me suis arrêté pour les écouter ; mais ils ont dit leurs prières, et se sont rendormis.

LADY MACBETH. On en a logé deux ensemble.

30 MACBETH. L'un a crié : « Dieu nous bénisse ! » et l'autre : « Amen ! » comme s'ils m'avaient vu avec ces mains de bourreau. Écoutant leur frayeur, je n'ai pu dire : « Amen ! » quand ils ont dit : « Dieu nous bénisse ! »

LADY MACBETH. Ne vous préoccupez pas tant de cela.

35 MACBETH. Mais pourquoi n'ai-je pas pu prononcer « amen » ? J'avais le plus grand besoin de bénédiction, et le mot « amen » s'est arrêté dans ma gorge !

LADY MACBETH. On ne doit pas penser à ces actions-là de cette façon ; ce serait à nous rendre fous.

40 MACBETH. Il m'a semblé entendre une voix crier : « Ne dors plus ! Macbeth a tué le sommeil ! » Le sommeil innocent, le sommeil qui démêle l'écheveau embrouillé du souci, le sommeil, mort de la vie de chaque jour, bain du labeur douloureux, baume des âmes blessées, le plat de résistance de
45 la grande nature, aliment suprême du banquet de la vie !

LADY MACBETH. Que voulez-vous dire ?

MACBETH. Et cette voix criait toujours par toute la maison : « Ne dors plus ! Glamis a tué le sommeil ; et aussi Cawdor ne dormira plus, Macbeth ne dormira plus ! »

50 LADY MACBETH. Qui donc criait ainsi ? Ah ! mon cher seigneur, vous ébranlez votre noble énergie avec ces pensées malades. Allez chercher de l'eau, et lavez votre main de cette tache accusatrice. Pourquoi n'avez-vous pas laissé à leur place ces poignards ? Il faut qu'ils restent là-haut : allez les reporter ;
55 et barbouillez de sang les chambellans endormis.

MACBETH. Je n'irai plus ; j'ai peur de penser à ce que j'ai fait. Le regarder encore ! je n'ose !

LADY MACBETH. Volonté débile ! Donne-moi les poignards. Les dormants et les morts ne sont que des images ; c'est l'œil
60 de l'enfance qui s'effraie d'un diable peint. S'il saigne, je rougirai de son sang la figure de ses gens, car il faut qu'ils semblent coupables.

Elle sort. On entend frapper.

MACBETH. De quel côté frappe-t-on ? Dans quel état suis-je donc, que le moindre bruit m'épouvante ?
65 Quelles sont ces mains-là ? Ah ! elles m'arrachent les yeux ! Tout l'océan du grand Neptune[1] suffira-t-il à laver ce sang de ma main ? Non ! C'est plutôt ma main qui donnerait son incarnat aux vagues innombrables, en empourprant ses flots verts.

Rentre Lady Macbeth.

70 LADY MACBETH. Mes mains ont la couleur des vôtres ; mais j'ai honte d'un cœur aussi blême.

On frappe.

J'entends frapper à l'entrée du sud. Retirons-nous dans notre chambre. Un peu d'eau va nous laver de cette action. Comme c'est donc aisé ! Votre fermeté vous a laissé désemparé.

On frappe.

75 Écoutez ! on frappe encore. Mettez votre robe de nuit, de peur qu'un accident ne nous appelle et ne montre que nous avons veillé. Ne vous perdez pas si misérablement dans vos pensées.

MACBETH. Connaître ce que j'ai fait ! Mieux vaudrait ne plus me connaître !

On frappe.

80 Réveille Duncan avec ton tapage ! Ah ! si c'était possible !

Ils sortent.

1. *Neptune* : dieu de la mer.

Questions

Compréhension

1. *Scène 1 : pourquoi la scène commence-t-elle par la rencontre de Banquo et de Macbeth ? Quel effet est ici produit ?*

2. *Relisez le monologue de Macbeth à la fin de cette première scène. Repérez les mouvements de cette tirade. En quoi sont-ils révélateurs de l'évolution de sa pensée ?*

3. *Scène 2 : dans quelle mesure Lady Macbeth est-elle la complice active de son mari avant et après le crime ? Pourquoi ne tue-t-elle pas elle-même Duncan ? Quel aspect de son caractère nous est alors révélé ?*

4. *Comment interprétez-vous ce que crie la voix au meurtrier : "Macbeth a tué le sommeil" ?*

5. *En quoi les réactions différentes du couple complice, face au sang, sont-elles révélatrices de leur tempérament différent ?*

Ecriture

6. *Scène 1 : quelles sont les images que Macbeth emploie, dans son monologue, pour décrire un monde où "la nature semble morte" ? Écrivez, sous forme de monologue théâtral, votre propre perception d'un tel monde !*

7. *Scène 2 : pourquoi les répliques de Macbeth et Lady Macbeth semblent-elles incohérentes ?*

Mise en scène

8. *Scènes 1 et 2 : énumérez les moyens utilisés pour créer une tension dramatique dans ces deux scènes.*
Quels procédés visuels emploieriez-vous pour atteindre un paroxysme dramatique ? Pensez-vous qu'il est nécessaire de reproduire concrètement toute la violence et tous ses effets inscrits dans le texte (le hibou qui hue, les cris, le sang répandu) ?

9. *La violence au théâtre : qu'est-ce qui différencie le théâtre de Shakespeare et la tragédie classique française ?*

SCÈNE 3

Entre un Portier... On frappe dehors.

LE PORTIER. Voilà qui s'appelle frapper ! Un homme qui serait portier de l'enfer en aurait du travail à tourner la clef !

On frappe.

Frappe, frappe, frappe !... Qui est là, au nom de Belzébuth[1] ? C'est un fermier qui s'est pendu à force d'attendre une bonne
5 récolte. Il fallait venir à l'heure ; prévoyez force mouchoirs autour de vous ; car vous allez suer ici pour la peine.

On frappe.

Frappe, frappe !... Qui est là, au nom de l'autre diable ? Ma foi ! ce doit être un casuiste[2] qui pouvait mettre son serment dans les deux plateaux de la balance, et qui, après avoir commis
10 suffisamment de trahisons pour l'amour de Dieu, n'a pas pu cependant équivoquer avec le ciel. Oh ! entrez, maître casuiste.

On frappe.

Frappe, frappe, frappe !... Qui est là ? Ma foi ! c'est un tailleur anglais venu ici pour avoir volé sur un haut-de-chausses
15 français. Entrez, tailleur, vous pourrez chauffer ici votre fer.

On frappe.

Frappe, frappe !... Jamais en repos !... Qui êtes-vous ?... Décidément, cette place est trop froide pour un enfer. Je ne veux plus faire le portier du diable. Je serais censé devoir ouvrir aux gens de toutes professions qui s'en vont par un chemin fleuri
20 de primevères au feu de joie éternel.

On frappe.

Tout à l'heure, tout à l'heure ! N'oubliez pas le portier, je vous prie.

---

1. *Belzébuth* : l'un des noms du diable.
2. *casuiste* : moraliste douteux.

Il ouvre la porte.

Macduff et Lennox entrent.

MACDUFF. Il était donc bien tard, l'ami, quand tu t'es mis au lit, que tu restes couché si tard ?

25 LE PORTIER. Ma foi ! monsieur, nous avons fait des libations jusqu'au second chant du coq ; et le boire, monsieur, est le grand provocateur de trois choses.

MACDUFF. Quelles sont les trois choses que le boire provoque spécialement ?

30 LE PORTIER. Dame ! monsieur, le nez rouge, le sommeil et l'urine. Quant à la paillardise, monsieur, il la provoque et la réprime : il provoque le désir et empêche l'exécution. On peut donc dire que le boire excessif est le casuiste* de la paillardise : il la crée et la détruit ; il l'excite et la dissipe ; il la stimule et la
35 décourage ; il la met en train et la retient ; pour conclusion, il la mène à un sommeil équivoque et l'abandonne en lui donnant le démenti.* contradiction

MACDUFF. Je crois que le boire t'a donné un démenti la nuit dernière.

40 LE PORTIER. Oui, monsieur, un démenti par la gorge ; mais je le lui ai bien rendu : car, étant, je crois, plus fort que lui, bien qu'il m'ait tenu quelque temps les jambes, j'ai trouvé moyen de m'en débarrasser.

MACDUFF. Ton maître est-il levé ? Nos coups de marteau
45 l'ont éveillé. Le voici.

* Théologien qui s'attache à résoudre les cas de conscience

Macbeth entre.

LENNOX. Bonjour, noble seigneur !

MACBETH. Bonjour à tous deux !

MACDUFF. Le roi est-il levé, cher seigneur ?

MACBETH. Pas encore.

50 MACDUFF. Il m'a ordonné de venir le voir de bon matin ; j'ai presque laissé passer l'heure.

MACBETH. Je vais vous mener à lui.

MACDUFF. C'est un dérangement plein de charme pour vous, je le sais ; mais pourtant c'en est un.

MACBETH. Le plaisir d'un travail en guérit la peine. Voici la porte.

MACDUFF. Je prendrai la liberté d'entrer ; car c'est une prescription de mon service.

Il entre.

LENNOX. Le roi part-il d'ici aujourd'hui ?

MACBETH. Oui... Il l'a décidé.

LENNOX. La nuit a été tumultueuse. Là où nous couchions ; les cheminées ont été renversées par le vent ; on a, dit-on, entendu des lamentations dans l'air, d'étranges cris de mort et des voix prophétisant avec un accent terrible d'affreux embrasements et des événements confus qui couvent une époque de calamités.* L'oiseau obscur a glapi toute la nuit. On dit même que la terre avait la fièvre et a tremblé.

MACBETH. Ç'a été une rude nuit.

LENNOX. Ma jeune mémoire ne m'en rappelle pas une pareille.

* Malheur public, catastrophe

Rentre Macduff.

MACDUFF. Ô horreur ! horreur ! horreur ! Il n'est ni langue ni cœur qui puisse te concevoir ou te nommer !

MACBETH et LENNOX. Qu'y a-t-il ?

MACDUFF. Le chaos vient de faire son chef-d'œuvre. Le meurtre le plus sacrilège a ouvert par effraction le temple sacré du Seigneur et en a volé la vie qui l'animait.

MACBETH. Que dites-vous ? la vie ?

LENNOX. Voulez-vous parler de Sa Majesté ?

MACDUFF. Entrez dans la chambre et une nouvelle Gorgone[1] y brûlera vos yeux... Ne me dites pas de parler ; voyez, et alors parlez vous-mêmes.

Sortent Macbeth et Lennox.

---

1. *Gorgone* : monstre féminin qui changeait en pierre ceux que ses regards rencontraient.

Éveillez-vous ! éveillez-vous ! Sonnez la cloche d'alarme... Au meurtre ! trahison !... Banquo ! Donalbain ! Malcolm ! éveillez-vous ! Secouez ce sommeil douillet, contrefaçon de la mort, et regardez la mort elle-même... Debout, debout ! et voyez l'image du jugement dernier... Malcolm ! Banquo ! levez-vous comme de vos tombeaux, et avancez comme des spectres pour être en accord avec cette horreur !... Sonnez la cloche.

La cloche sonne.
Entre Lady Macbeth.

LADY MACBETH. Que se passe-t-il ? Pourquoi cette fanfare sinistre convoque-t-elle les dormeurs de la maison ? Parlez ! parlez !

MACDUFF. Ô gentille dame ! vous n'êtes pas faite pour entendre ce que je puis dire... Ce récit blesserait mortellement votre oreille.

Entre Banquo.

Ô Banquo ! Banquo ! notre royal maître est assassiné !

LADY MACBETH. Quel malheur ! hélas ! dans notre maison !

BANQUO. Malheur trop cruel, où qu'il arrive. Cher Duff, démens-toi, par grâce ! et dis que cela n'est pas.

Rentrent Macbeth et Lennox.

MACBETH. Que ne suis-je mort une heure avant cet événement ! j'aurais eu une vie bénie. Dès cet instant, il n'y a plus rien de sérieux dans ce monde mortel : tout n'est que hochet.* La gloire et la grâce sont mortes ; le vin de la vie est tiré, et la lie seule reste à cette cave pompeuse.

*chose futile qui amuse

Entrent Malcolm et Donalbain.

DONALBAIN. Quel malheur y a-t-il ?

MACBETH. Vous existez, et vous ne le savez pas ! La fontaine primitive et suprême de votre sang est tarie, tarie dans sa source.

MACDUFF. Votre royal père est assassiné.

110 MALCOLM. Oh ! par qui ?

LENNOX. Par les gens de sa chambre, suivant toute apparence. Leurs mains et leurs visages étaient tout empourprés de sang, ainsi que leurs poignards que nous avons trouvés, non essuyés, sur leur oreiller. Ils avaient l'œil fixe, et étaient
115 effarés. À les voir, on n'aurait dû leur confier aucune vie humaine.

MACBETH. Oh ! pourtant je me repens du mouvement de fureur qui me les a fait tuer !

MACDUFF. Pourquoi l'avoir fait ?

120 MACBETH. Qui peut être sage et éperdu, calme et furieux, loyal et neutre à la fois ? Personne. Mon dévouement trop passionné a devancé ma raison plus lente. Ici gisait Duncan ; sa peau argentine était lamée de son sang vermeil, et ses blessures béantes semblaient une brèche faite à la nature pour
125 laisser pénétrer la ruine dévastatrice. Là étaient les meurtriers, teints des couleurs de leur métier, et leurs poignards insolemment gainés de sang. Quel est donc l'être qui, ayant un cœur pour aimer et du courage au cœur, eût pu empêcher de prouver alors son amour ?

130 LADY MACBETH. À l'aide ! Emmenez-moi d'ici.

MACDUFF. Prenez soin de madame.

MALCOLM, *à part, à Donalbain.* Pourquoi gardons-nous le silence, nous qui avons tout droit de revendiquer cette cause comme la nôtre ?

135 DONALBAIN, *à part, à Malcolm.* Pourquoi parlerions-nous ici où la fatalité, cachée dans un trou de vrille, peut se ruer sur nous et nous accabler ? Fuyons ! Nos larmes ne sont pas encore brassées.

MALCOLM, *à part, à Donalbain.* Et notre désespoir n'est pas
140 en mesure d'agir.

BANQUO. Prenez soin de madame.
Puis, quand nous aurons couvert nos frêles nudités, ainsi exposées à un froid dangereux, réunissons-nous, et questionnons ce sanglant exploit pour le mieux connaître. Les
145 craintes et les doutes nous agitent. Moi, je me mets dans la main immense de Dieu, et de là je combats les prétentions encore ignorées d'une criminelle trahison.

MACDUFF. Et moi aussi.

TOUS. Et nous tous.

150 MACBETH. Revêtons vite un appareil viril, et réunissons-nous dans la grande salle.

TOUS. C'est convenu.

Tous sortent, excepté Malcolm et Donalbain.

MALCOLM. Que voulez-vous faire ? Ne nous associons pas avec eux : faire montre d'une douleur non sentie est un rôle 155 aisé pour l'homme faux. J'irai en Angleterre.

DONALBAIN. Moi, en Irlande. En séparant nos fortunes, nous serons plus en sûreté. Où nous sommes, il y a des poignards dans les sourires : le plus près de notre sang est le plus près de le verser.

160 MALCOLM. La flèche meurtrière qui a été lancée n'a pas encore atteint le but ; et le parti le plus sûr pour nous est de nous mettre hors de portée. Ainsi, à cheval ! Ne soyons pas scrupuleux sur les adieux, mais esquivons-nous. Le vol qui consiste à se dérober est permis quand il n'y a plus de pitié à 165 attendre.

Ils sortent.

SCÈNE 4

Devant le château de Macbeth.
Entrent Ross et un Vieillard.

LE VIEILLARD. J'ai la mémoire nette de soixante-dix années ; dans l'espace de ce temps, j'ai vu des heures terribles et des choses étranges ; mais cette nuit sinistre réduit à rien tout ce que j'ai vu.

5 ROSS. Ah ! bon père, tu le vois, les cieux, troublés par l'acte de l'homme, en menacent le sanglant théâtre. D'après l'horloge, il est jour, et pourtant une nuit noire étouffe le flambeau voyageur. Est-ce le triomphe de la nuit ou la honte du jour qui fait que les ténèbres ensevelissent la terre, quand 10 la lumière vivante devrait la baiser au front ?

LE VIEILLARD. Cela est contre nature, comme l'action qui a été commise. Mardi dernier, un faucon, planant dans toute la fierté de son essor, a été saisi au vol et tué par un hibou chasseur de souris.

15 ROSS. Et, chose étrange et certaine, les chevaux de Duncan, si beaux, si agiles, les parangons de leur espèce, sont redevenus sauvages, ont brisé leurs stalles, et se sont échappés, résistant à toute obéissance comme s'ils allaient faire la guerre à l'homme.

20 LE VIEILLARD. On dit qu'ils se sont entredévorés.

ROSS. Oui, au grand étonnement de mes yeux. Je l'ai vu. Voici le bon Macduff.

Entre Macduff.

Comment va le monde à présent, monsieur ?

MACDUFF, *montrant le ciel.* Quoi ! ne le voyez-vous pas ?

25 ROSS. Sait-on qui a commis cette action plus que sanglante ?

MACDUFF. Ceux que Macbeth a tués.

ROSS. Hélas ! à quel avantage pouvaient-ils prétendre ?

MACDUFF. Ils ont été subornés. Malcolm et Donalbain, les deux fils du roi, se sont dérobés et enfuis : ce qui jette sur eux *30* les soupçons.

ROSS. Encore une chose contre nature ! Ô ambition désordonnée, qui dévores ainsi la suprême ressource de ta propre existence !... Alors, il est probable que la souveraineté va échoir à Macbeth.

35 MACDUFF. Il est déjà proclamé et parti pour Scone[1], où il doit être couronné.

ROSS. Où est le corps de Duncan ?

MACDUFF. Il a été transporté à Colmeskill, au sanctuaire où sont gardés les os de ses prédécesseurs.

40 ROSS. Allez-vous à Scone ?

MACDUFF. Non, cousin, je vais à Fife[2].

1. *Scone* : abbaye où avait lieu le couronnement des rois d'Écosse.
2. *Fife* : le fief de Macduff.

ROSS. C'est bien, j'irai à Scone.

MACDUFF. Soit! Puissiez-vous y voir les choses se bien passer!... Adieu! J'ai peur que nos manteaux neufs[1] ne soient
45 moins commodes que nos vieux.

ROSS. Adieu, mon père!

LE VIEILLARD. Que la bénédiction de Dieu soit avec vous et avec tous ceux qui veulent changer le mal en bien et les ennemis en amis!

Ils sortent.

Lawrence Olivier dans le rôle de Macbeth, Old Vic Theatre, Londres (1937).

1. *manteaux neufs* : Macduff sait que l'avenir est plein de menaces avec l'avènement du nouveau roi.

Questions

Compréhension

1. *Scène 3 : la fonction du portier est-elle uniquement d'ouvrir les portes du château ? Quel rôle joue-t-il ici, quelles informations nous donne-t-il ?*

2. *Quelle est la réaction de Lady Macbeth quand Macduff lui apprend l'assassinat du roi ?*

3. *Quels autres crimes Macbeth commet-il pendant cette scène ?*

4. *Qu'est-ce que Malcolm et Donalbain décident de faire à la fin de la scène ? Pourquoi ?*

5. *Scènes 3-4 : à quels événements prodigieux, contre-nature, Lennox, Ross et le vieillard ont-ils assisté la nuit du meurtre ?*

6. *Scène 4 : relevez toutes les informations que nous donne Macduff.*

Ecriture

7. *Scène 3 : en quoi le langage du portier contraste-t-il avec ce qui précède et ce qui suit ?*

8. *Scène 3, lignes 100 à 104 : en quoi l'écriture de cette réplique est-elle à double sens ? Que révèle-t-elle de la conception de la vie qu'a Macbeth maintenant qu'il est criminel ?*

9. *Scène 4 : peut-on rapprocher les rôles tenus par Ross et le vieillard de la fonction du chœur tragique antique ? Pourquoi ?*

Mise en scène

10. *Scène 3 : quel est l'effet créé par toutes les entrées et sorties des personnages, les exclamations et les questions ?*

11. *Quels effets de mise en scène peut-on introduire pour donner un rythme approprié à cette scène ?*

12. *Scène 4 : comment faire contraster cette scène d'extérieur - close par une bénédiction - avec la précédente ?*

Bilan

L'action

• *Ce que nous savons*

Macbeth prend congé de Banquo et, le cœur plein de terreur, part commettre son crime. Sa femme, qui a drogué les chambellans du roi, s'arrange pour faire peser sur eux le soupçon du meurtre, en ordonnant à Macbeth de placer près d'eux les poignards ensanglantés, et de les en tacher.

Le portier ouvre la porte à des seigneurs écossais, de l'entourage de Duncan. L'un d'eux, Macduff, découvre le crime. Macbeth feint d'exécuter une justice immanente en assassinant les chambellans. Les fils de Duncan s'enfuient : Malcolm pour l'Angleterre, Donalbain pour l'Irlande. Macbeth est proclamé roi d'Écosse.

• *À quoi faut-il nous attendre ?*

Comment pourra régner Macbeth, tourmenté par son crime, par l'idée que « tout l'océan du grand Neptune ne suffira pas à laver le sang de [sa] main » ?

Les personnages

• *Ce que nous savons*

Macbeth : *le trouble de Macbeth va grandissant. Les images de sang, de violence, l'assaillent. Il se sent acculé* à commettre le meurtre de Duncan. Puis, son forfait accompli, il en comprend toute la dimension. L'horreur de son régicide le remplit de panique. Il parvient cependant à garder les apparences de l'innocence quand le crime est découvert, mais le cycle de la violence, qu'il a enclenché, n'est pas près de finir : le meurtre qu'il commet sur la personne des chambellans le prouve.*

Lady Macbeth : *elle semble cuirassée dans sa froide résolution de tuer. Mais une faille apparaît en elle : elle n'aurait pu tuer Duncan, car en dormant, il ressemblait à son père. Une fois le meurtre commis, elle prend la situation en main. Elle accuse Macbeth de lâcheté, et va elle-même dans la chambre du crime placer auprès des chambellans les poignards ensanglantés accusateurs. Sa croyance naïve dans le pouvoir qu'aurait « un peu d'eau,*

* poussé, obligé
il ne peut plus revenir en arrière.

pour les laver de cette action » contraste étrangement avec la pleine conscience que Macbeth a de l'étendue de son crime. Elle s'enferme dans son rôle de faible créature éplorée après la découverte du cadavre de Duncan.

Malcolm et Donalbain : *les deux fils de Duncan, sans échanger beaucoup de répliques, se posent en force d'opposition avec laquelle Macbeth devra lutter, dans le futur. Leur départ vers l'Angleterre et l'Irlande révèle leur prise de conscience de l'importance réelle du danger.*

Banquo : *troublé comme Macbeth, par les prédictions des sorcières, c'est à Dieu qu'il s'adresse pour obtenir une assistance dans son désarroi. Après le meurtre de son souverain, il affirme sa détermination à trouver l'assassin, à vouloir exécuter une justice divine.*

• Pour aller plus loin

Dans quelle mesure le crime est-il un catalyseur révélant la nature profonde des différents personnages ?

L'écriture

• Ce que nous savons

Le langage va plus loin encore que dans l'acte I pour dénoncer l'action de forces infernales, diaboliques, qui faussent le cours naturel des événements : « Les chevaux s'entredévorent », « il y a des poignards dans les sourires ». Macbeth sait combien est dangereux cet univers qui a perdu la tête : « il n'y a plus rien de sérieux dans ce monde mortel ; tout n'est que hochet ». Le basculement total dans l'horreur est imminent.

• Pour aller plus loin

Connaissez-vous d'autres exemples de pièces où l'écriture théâtrale reflète la contamination de l'univers par l'action contre-nature d'un personnage ?

ACTE III

SCÈNE PREMIÈRE

Une salle d'audience dans le palais à Fores.

Entre Banquo.

BANQUO. Roi ! Cawdor ! Glamis ! tu possèdes maintenant tout ce que t'avaient promis les femmes fatidiques ; et j'ai peur que tu n'aies joué dans ce but un jeu bien sinistre. Cependant elles ont dit que ta postérité n'hériterait pas de tout cela, et
5 que, moi, je serais la racine et le père de nombreux rois. Si la vérité est sortie de leur bouche, ainsi que leurs prophéties sur toi, Macbeth, en sont la preuve éclatante, pourquoi, véridiques à ton égard, ne pourraient-elles pas aussi bien être des oracles pour moi et autoriser mon espoir ? Mais, chut !
10 taisons-nous.

Fanfares. Entrent Macbeth, en roi, Lady Macbeth, en reine, Lennox, Ross, Seigneurs, suite.

MACBETH. Voici notre principal convive.

LADY MACBETH. S'il avait été oublié, c'eût été dans cette grande fête un vide qui eût tout déparé.

MACBETH. Nous donnons ce soir un souper solennel,
15 seigneur ; et j'y sollicite votre présence.

BANQUO. Que Votre Altesse me commande ! Mon obéissance est pour toujours attachée à elle par des liens indissolubles.

MACBETH. Montez-vous à cheval cet après-midi ?

20 BANQUO. Oui, mon bon seigneur.

MACBETH. Sans cela nous vous aurions demandé vos avis, qui ont toujours été sérieux et de bon profit, en tenant conseil aujourd'hui ; mais nous les prendrons demain. Irez-vous loin ?

BANQUO. Assez loin, monseigneur, pour remplir le temps
25 d'ici au souper. Si mon cheval ne marche pas très bien, il faudra que j'emprunte à la nuit une ou deux de ses heures sombres.

MACBETH. Ne manquez pas à notre fête.

BANQUO. Certes, non, monseigneur.

MACBETH. Nous apprenons que nos sanguinaires cousins sont réfugiés, l'un en Angleterre, l'autre en Irlande ; pour ne pas avouer leur cruel parricide, ils en imposent à ceux qui les écoutent par des inventions étranges. Mais nous en parlerons demain, ainsi que des affaires d'État, qui réclament également notre réunion. Vite, à cheval, vous ! et adieu jusqu'à votre retour, ce soir ! Fléance va-t-il avec vous ?

BANQUO. Oui, mon bon seigneur. Le temps nous presse.

MACBETH. Je vous souhaite des chevaux vifs et sûrs ; et je vous recommande à leurs croupes. Bon voyage !

Sort Banquo.

Que chacun soit maître de son temps jusqu'à sept heures du soir ! Pour que la société n'en soit que mieux venue près de nous, nous resterons seul jusqu'au souper. Jusque-là, que Dieu soit avec vous !

Tous sortent, sauf Macbeth et un Serviteur.

Drôle, un mot ! Ces hommes attendent-ils nos ordres ?

LE SERVITEUR. Ils sont là, monseigneur, à la porte du palais.

MACBETH. Amène-les devant nous.

Sort le Serviteur.

Être ceci n'est rien ; il faut l'être sûrement. Nos craintes se fixent profondément sur Banquo : dans sa royale nature règne tout ce qui est redoutable. Il est homme à oser beaucoup ; et à la trempe intrépide de son âme il joint une sagesse qui conduit sa valeur à agir sûrement. Il est le seul dont je redoute l'existence, et mon génie est dominé par le sien, comme, dit-on, Marc-Antoine[1] l'était par César. Il a apostrophé les sœurs, quand elles m'ont décerné le nom de roi, et il les a sommées de lui parler. Alors, d'une voix prophétique, elles

1. *Marc-Antoine* : Plutarque rapporte ce fait dans *La Vie d'Antoine*.

l'ont salué père d'une lignée de rois ! Elles m'ont placé sur la tête une couronne infructueuse et mis au poing un sceptre stérile, que doit m'arracher une main étrangère, puisque nul fils ne doit me succéder. S'il en est ainsi, c'est pour les enfants de Banquo que j'ai souillé mon âme, pour eux que j'ai assassiné le gracieux Duncan, pour eux que j'ai versé le remords dans la coupe de mon repos, pour eux seuls ! Mon éternel joyau, je l'ai donné à l'ennemi commun du genre humain pour les faire rois ! pour faire rois les rejetons de Banquo ! Ah ! viens plutôt dans la lice, fatalité, et jette-moi un défi à outrance !... Qui est là ?

Rentre le Serviteur, suivi de deux Meurtriers.

Maintenant retourne à la porte, et restes-y jusqu'à ce que nous appelions.

Sort le Serviteur.

N'est-ce pas hier que nous nous sommes parlé ?

PREMIER MEURTRIER. C'était hier, s'il plaît à Votre Altesse.

MACBETH. Eh bien ! maintenant, avez-vous réfléchi à mes paroles ? Sachez que c'est lui qui jusqu'ici vous a relégués dans une si humble fortune, tandis que vous en accusiez notre innocente personne. Je vous l'ai démontré dans notre dernier entretien. Je vous ai prouvé comment vous avez été dupés, contrecarrés, quels étaient les instruments, qui les employait, et mille autres choses qui feraient dire à une moitié d'âme, à un entendement fêlé : « Voilà ce qu'a fait Banquo. »

PREMIER MEURTRIER. Vous nous l'avez fait connaître.

MACBETH. Oui ; et j'en suis venu ainsi à ce qui est maintenant l'objet de notre seconde entrevue. Croyez-vous la patience à ce point dominante dans votre nature, que vous puissiez laisser passer cela ? Êtes-vous évangéliques au point de prier pour ce brave homme et sa postérité,* lui dont la lourde main vous a courbés vers la tombe et à jamais appauvris ?

PREMIER MEURTRIER. Nous sommes hommes, mon suzerain.

MACBETH. Oui, vous passez pour hommes dans le catalogue ; de même que les limiers, les lévriers, les métis, les

* Ensemble des générations futures

90 épagneuls, les mâtins, les barbets, les caniches, les chiens-loups sont désignés tous sous le nom de chiens ; mais un classement supérieur distingue le chien agile, le lent, le subtil, le chien de garde, le chien de chasse, chacun selon les qualités que la bienfaisante nature lui a départies et qui lui font donner 95 un titre particulier dans la liste où tous sont communément inscrits. Il en est de même des hommes. Eh bien ! si vous avez une place à part dans le classement, en dehors des rangs infimes de l'humanité, dites-le ; et alors je confierai à vos consciences un projet dont l'exécution fera disparaître votre 100 ennemi et vous attachera notre cœur et notre affection, car sa vie trouble notre santé, sa mort la rétablirait.

SECOND MEURTRIER. Je suis un homme, mon suzerain, que les coups avilissants et les rebuffades du monde ont tellement exaspéré, que je ferais n'importe quoi pour braver le monde.

105 PREMIER MEURTRIER. Et moi, un homme tellement accablé de désastres, tellement surmené par la fortune, que je jouerais ma vie sur un hasard pour l'améliorer ou la perdre.

MACBETH. Vous savez tous deux que Banquo était votre ennemi.

110 SECOND MEURTRIER. C'est vrai, monseigneur.

MACBETH. Il est aussi le mien, et avec une si sanglante hostilité que chaque minute de son existence est un coup qui menace ma vie. Je pourrais le balayer de ma vue de vive force, et mettre la chose sur le compte de la volonté ; mais je ne dois 115 pas le faire, par égard pour plusieurs de mes amis qui sont aussi les siens, et dont je ne puis garder l'affection qu'en pleurant la chute de celui que j'aurai moi-même renversé. Voilà pourquoi je réclame affectueusement votre assistance, voulant masquer l'affaire aux regards de tous, pour maintes 120 raisons puissantes.

SECOND MEURTRIER. Nous exécuterons, monseigneur, ce que vous nous commanderez.

PREMIER MEURTRIER. Dussent nos vies...

MACBETH. Votre ardeur rayonne en vous. Dans une heure, 125 au plus, je vous désignerai le lieu où vous vous posterez, je vous ferai connaître le meilleur moment pour l'embuscade, l'instant suprême. Il faut que ce soit fait ce soir, à une certaine

distance du palais, avec cette idée constante que j'ai besoin de rester pur. Et (pour qu'il n'y ait ni accroc ni pièce à l'ouvrage) Fléance, son fils, qui l'accompagne, et dont l'absence m'est
130 aussi essentielle que celle du père, devra embrasser, comme lui, la destinée de cette heure sombre. Prenez ensemble votre décision ; je reviens à vous dans un instant.

LES DEUX MEURTRIERS. Nous sommes résolus, monseigneur.

MACBETH. Je vous rejoins immédiatement ; restez dans le
135 palais, l'affaire est conclue... Banquo, si ton âme envolée doit trouver le ciel, elle le trouvera ce soir.

Ils sortent.

SCÈNE 2

Entre Lady Macbeth avec un Serviteur.

LADY MACBETH. Banquo a-t-il quitté la cour ?

LE SERVITEUR. Oui, madame, mais il revient ce soir.

LADY MACBETH. Va prévenir le roi que j'attends son bon plaisir pour lui dire quelques mots.

5 LE SERVITEUR. J'y vais, madame.

Il sort.

LADY MACBETH. On a tout dépensé en pure perte lorsque votre désir assouvi vous laisse insatisfait. Mieux vaut être celui qu'on détruit que de vivre par sa destruction dans une joie pleine de doutes.

Entre Macbeth.

10 Qu'avez-vous, monseigneur ? Pourquoi restez-vous seul, faisant vos compagnes des plus tristes rêveries, et nourrissant des pensées qui auraient bien dû mourir avec ceux auxquels vous pensez ! Les choses irrémédiables doivent être oubliées : ce qui est fait est fait.

15 MACBETH. Nous avons tronçonné, mais non tué, le serpent. Il se reformera et redeviendra lui-même, et notre haine

tronçon : partie d'un tout.

misérable sera comme auparavant exposée à ses morsures. Mais puissions-nous voir craquer la création et s'abîmer le ciel et la terre, plutôt que de manger toujours dans la crainte et de
20 dormir dans l'affliction de ces rêves terribles qui nous agitent chaque nuit ! Mieux vaudrait être avec le mort que nous avons envoyé reposer pour gagner notre place, que d'être soumis par la torture de l'esprit à une infatigable angoisse. Duncan est dans son tombeau : après la fièvre convulsive de cette vie, il
25 dort bien ; la trahison a tout épuisé contre lui ; l'acier, le poison, la perfidie domestique, l'invasion étrangère, rien ne peut le toucher désormais.

LADY MACBETH. Allons ! mon doux seigneur, déridez ce front angoissé, soyez serein et enjoué ce soir au milieu de vos
30 convives.

MACBETH. Je le serai, mon amour ! et vous, soyez de même, je vous prie. Que vos attentions se concentrent sur Banquo ! conférez-lui la prééminence par vos regards et par vos paroles. Temps d'inquiétude, où il nous faut laver nos
35 honneurs au torrent des flatteries, et faire de notre face le masque de notre cœur, pour le déguiser !

LADY MACBETH. Ne pensez plus à cela.

MACBETH. Oh ! pleine de scorpions est mon âme, chère femme ! Tu sais que Banquo et son Fléance vivent.

40 LADY MACBETH. Mais le bail avec la vie n'est pas éternel.

MACBETH. Oui, il y a là une consolation : ils sont vulnérables. Sois donc joyeuse. Avant que la chauve-souris ait fait à tire-d'aile son tour de cloître, avant qu'à l'appel de la noire Hécate, l'escarbot aux ailes d'écaille ait de ses bourdon-
45 nements sourds sonné le carillon somnolent du soir, un acte épouvantable aura été fait.

LADY MACBETH. Quel acte ?

MACBETH. Ignore cette confidence, ma colombe, et tu applaudiras quand ce sera fait. Viens, noir fauconnier de la
50 nuit, bande les yeux sensibles du jour compatissant, et, de ta main sanglante et invisible, arrache et mets en pièces le fil de cette grande existence qui me fait pâlir !... La lumière s'obscurcit, et le corbeau vole vers son bois favori ; les bonnes créatures du jour commencent à s'assoupir et à dormir, tandis

55 que les noirs agents de la nuit se dressent vers leur proie. Tu t'étonnes de mes paroles ; mais sois tranquille : les choses que le mal a commencées se consolident par le mal. Sur ce, viens avec moi, je t'en prie.

Ils sortent.

SCÈNE 3

Une avenue conduisant à la porte d'entrée du palais.

Entrent les Deux Meurtriers, un Troisième.

PREMIER MEURTRIER. Mais qui t'a dit de te joindre à nous ?

TROISIÈME MEURTRIER. Macbeth.

DEUXIÈME MEURTRIER. Nous n'avons pas à nous méfier de lui, puisqu'il nous indique notre tâche, et tout ce que nous
5 avons à faire, avec une précision parfaite.

PREMIER MEURTRIER. Reste donc avec nous. Le couchant est encore rayé de quelques lueurs du jour. C'est l'heure où le voyageur attardé presse les éperons pour gagner à temps l'auberge ; et voici qu'approche celui que nous guettons.

10 TROISIÈME MEURTRIER. Écoutez ! j'entends les chevaux.

BANQUO, *derrière le théâtre.* Éclairez-nous là ! hé !

DEUXIÈME MEURTRIER. Alors c'est lui : tous les autres invités qu'on attendait sont déjà au palais.

PREMIER MEURTRIER. Ses chevaux font le tour.

15 TROISIÈME MEURTRIER. Cela fait presque une ville ; mais il a l'habitude, comme tout le monde, d'aller d'ici à la porte du palais à pied.

Entrent Banquo et Fléance portant une torche.

DEUXIÈME MEURTRIER. Une lumière ! une lumière !

TROISIÈME MEURTRIER. C'est lui.

20 PREMIER MEURTRIER. Tenons ferme.

BANQUO. Il y aura de la pluie, ce soir.

PREMIER MEURTRIER. Qu'elle tombe !

Il attaque Banquo.

BANQUO. Oh ! trahison ! Fuis, bon Fléance, fuis, fuis, fuis ; tu peux me venger... Ô misérable !

25 TROISIÈME MEURTRIER. Qui a éteint la lumière ?

PREMIER MEURTRIER. N'était-ce pas le plus sûr ?

TROISIÈME MEURTRIER. Il n'y en a qu'un de tombé ; le fils s'est échappé.

DEUXIÈME MEURTRIER. Nous avons manqué la plus belle
30 moitié de notre affaire.

PREMIER MEURTRIER. Allons toujours dire ce qu'il y a de fait.

Ils sortent.

Questions

Compréhension

1. *Scène 1 : Banquo se remémore incomplètement les prophéties des sorcières. Qu'oublie-t-il ?*

2. *Pourquoi Macbeth est-il si attentionné à l'égard de Banquo ?*

3. *Quelles peuvent être « les inventions étranges » des fils de Duncan ?*

4. *Par quelle argumentation Macbeth convainc-t-il les meurtriers de tuer Fléance ?*

5. *Scène 2 : qu'est-ce qui a changé dans la relation de Macbeth avec sa femme ?*

6. *Scène 3 : un troisième meurtrier apparaît. Qui l'a envoyé ? Pourquoi ?*

7. *Pourquoi les meurtriers n'arrivent-ils pas à tuer Fléance ?*

Ecriture

8. *Scène 1 : relevez, analysez et classifiez les trois différents discours que tient Macbeth !*

9. *Scène 2 : comparez la dernière réplique de Macbeth (invocation à la nuit) avec celle que lance Lady Macbeth à la scène 5 de l'acte I, lignes 46 à 49. Commentez le diabolisme des deux personnages.*

10. *Scène 3 : pourquoi le thème de la lumière revient-il si souvent ?*

Mise en scène

11. *Scène 1 : comment mettriez-vous en relief le décalage entre les trois types de discours tenus par Macbeth ?*

12. *Scène 2 : jouez la scène 2. Quelle résonance prennent les termes d'affection entre les deux criminels ?*

13. *Scènes 2 et 3 : comparez — et dites par quels procédés scéniques vous feriez contraster — le rythme et l'atmosphère des scènes 2 et 3.*

SCÈNE 4

La grande salle du palais.

Un banquet est préparé. Entrent Macbeth, Lady Macbeth, Ross, Lennox, des Seigneurs, et leur suite.

MACBETH. Vous connaissez vos rangs respectifs, prenez vos places. Et, une fois pour toute, cordiale bienvenue !

LES SEIGNEURS. Merci à Votre Majesté !

Les seigneurs s'asseyent, laissant un siège vide.

MACBETH. Quant à nous, nous nous mêlerons à la société,
5 comme l'hôte le plus humble. Notre hôtesse gardera sa place d'honneur ; mais, en temps opportun, nous irons lui demander la bienvenue.

LADY MACBETH. Exprimez pour moi, sire, à tous nos amis, ce que dit mon cœur : ils sont les bienvenus.

Le Premier Meurtrier paraît à la porte de la salle.

10 MACBETH. Vois ! ils te répondent par un remerciement du cœur... Les deux côtés sont au complet. Je vais m'asseoir au milieu. Soyons gais sans réserve, tout à l'heure, nous boirons une rasade à la ronde.

Bas, au Meurtrier.

Il y a du sang sur ta face.

15 LE MEURTRIER, *bas, à Macbeth.* Alors, c'est celui de Banquo.

MACBETH. Il est mieux sur toi que dans ses veines. Est-il expédié ?

LE MEURTRIER. Monseigneur, il a la gorge coupée. J'ai fait cela pour lui.

20 MACBETH. Tu es le meilleur des coupe-gorge. Il est bien bon pourtant, celui qui en a fait autant pour Fléance. Si c'est toi, tu n'as pas ton pareil.

LE MEURTRIER. Très royal seigneur, Fléance s'est échappé.

MACBETH. Voilà mon accès qui revient : sans cela, j'aurais
25 été à merveille, entier comme un marbre, solide comme un

roc, dégagé et libre comme l'air ambiant. Mais, à présent, me voilà claquemuré, encagé, confiné, enchaîné dans des inquiétudes et des craintes insolentes. Mais Banquo est-il en sûreté ?

LE MEURTRIER. Oui, mon bon seigneur, en sûreté dans un fossé qu'il occupe, avec vingt balafres dans la tête, dont la moindre serait la mort d'une créature.

MACBETH. Merci, pour cela ! Voilà le vieux serpent écrasé. Le reptile qui s'est sauvé est de nature à donner du venin un jour, mais il n'a pas encore de dents. Va-t'en ! demain, une fois rendu à nous-même, nous t'écouterons.

Sort le Meurtrier.

LADY MACBETH. Mon royal maître, vous n'encouragez pas vos convives : c'est leur faire payer la fête que de ne pas leur rappeler souvent qu'elle est donnée de tout cœur. Pour ne faire que manger, mieux vaut rester chez soi ; hors de là il faut assaisonner les plats de courtoisie ; sans elle, la réunion serait fade.

Le spectre de Banquo apparaît et s'assied à la place de Macbeth.

MACBETH. La douce mémoire !... Allons ! qu'une bonne digestion seconde l'appétit, et que la santé suive !

LENNOX. Plaît-il à Votre Altesse de s'asseoir ?

MACBETH. Nous aurions sous notre toit l'élite de notre pays, si la gracieuse personne de notre Banquo était présente. Puissé-je avoir à l'accuser d'une incivilité plutôt qu'à le plaindre d'un malheur !

ROSS. Son absence, sire, jette le blâme sur sa promesse. Plaît-il à Votre Altesse de nous honorer de sa royale compagnie ?

MACBETH. La table est au complet.

LENNOX. Voici une place réservée pour vous, sire.

MACBETH. Où ?

LENNOX. Ici, mon bon seigneur... Qu'est-ce donc qui émeut Votre Altesse ?

MACBETH. Qui de vous a fait cela ?

LES SEIGNEURS. Quoi, mon bon seigneur ?

MACBETH. Tu ne peux pas dire que ce soit moi ! Ne
60 m'accuse pas en secouant ainsi tes boucles sanglantes.

ROSS. Messieurs, levez-vous ; Son Altesse n'est pas bien.

LADY MACBETH. Non, dignes amis, asseyez-vous. Mon seigneur est souvent ainsi, et cela depuis sa jeunesse. De grâce, restez assis ! C'est un accès momentané : rien que le
65 temps d'y songer, il sera remis. Si vous faites trop attention à lui, vous l'offenserez, et vous augmenterez son mal ; mangez, et ne le regardez pas... Êtes-vous un homme ?

MACBETH. Oui, et un homme hardi à oser regarder en face ce qui épouvanterait le démon.

70 LADY MACBETH. Imaginations ! C'est encore une image créée par votre frayeur, comme ce poignard aérien qui, disiez-vous, vous guidait vers Duncan ! Oh ! ces effarements et ces tressaillements, singeries de la terreur, conviendraient bien à un conte de bonne femme débité au coin d'un feu d'hiver sous
75 l'autorité d'une grand-mère. C'est la honte même ! Pourquoi faites-vous toutes ces mines-là ? Après tout, vous ne regardez qu'un tabouret.

MACBETH. Je t'en prie, vois ! examine ! regarde ! là... Eh bien ! que dis-tu ? Bah ! qu'est-ce que cela me fait ? Puisque tu
80 peux secouer la tête, parle... Ah ! si les cimetières et les tombeaux doivent nous renvoyer ainsi ceux que nous enterrons, pour sépulture nous leur donnerons la panse des milans[1] !

Le Spectre disparaît.

LADY MACBETH. Quoi ! la folie n'a rien laissé de l'homme ?

85 MACBETH. Aussi vrai que je suis ici, je l'ai vu.

LADY MACBETH. Fi ! quelle honte !

MACBETH. Ce n'est pas d'aujourd'hui que le sang a été versé : dans les temps anciens, avant que la loi humaine eût purifié la société adoucie, oui, et depuis lors, il a été commis

1. *milan* : oiseau de proie.

Ellen Terry dans le rôle de Lady Macbeth, par J. S. Sargent (1856-1925).

90 des meurtres trop terribles pour l'oreille. Il fut un temps où, quand la cervelle avait jailli, l'homme mourait, et tout était fini. Mais aujourd'hui on ressuscite, avec vingt blessures mortelles dans le crâne, et on nous chasse de nos sièges. Voilà qui est plus étrange que le meurtre lui-même.

95 LADY MACBETH. Mon digne seigneur, vos nobles amis ont besoin de vous.

MACBETH. J'oubliais... Ne vous étonnez pas, mes très dignes amis : j'ai une étrange infirmité qui n'est rien pour ceux qui me connaissent. Allons ! amitié et santé à tous ! Maintenant je 100 vais m'asseoir. Donnez-moi du vin ; remplissez jusqu'au bord !

Le Spectre reparaît.

Je bois à la joie de toute la table, et à notre cher ami Banquo qui nous manque. Que n'est-il ici ! À lui et à tous, notre soif ! Buvons tous à tous !

LES SEIGNEURS. Nous vous rendons hommage en vous 105 faisant raison.

MACBETH, *se retournant vers le siège.* Arrière ! ôte-toi de ma vue ! Que la terre te cache ! Tes os sont sans moelle ; ton sang est glacé ; tu n'as pas de regard dans ces yeux qui éblouissent.

LADY MACBETH. Ne voyez là, nobles pairs, qu'un fait 110 habituel. Ce n'est pas autre chose. Seulement cela gâte le plaisir du moment.

MACBETH. Tout ce qu'ose un homme, je l'ose. Approche sous la figure de l'ours velu de Russie, du rhinocéros armé ou du tigre d'Hyrcanie, prends toute autre forme que celle-ci, et 115 mes nerfs impassibles ne trembleront pas. Ou bien redeviens vivant, et provoque-moi au désert avec ton épée ; si alors je m'enferme en tremblant, déclare-moi la poupée d'une petite fille. Hors d'ici, ombre horrible !

Le Spectre disparaît.

Moqueuse illusion, hors d'ici !... Oui ! c'est cela... Dès qu'il 120 s'en va, je redeviens homme... De grâce, restez assis !

LADY MACBETH. Vous avez fait fuir la gaieté et rompu notre bonne réunion par ce désordre surprenant.

MACBETH. De telles choses peuvent-elles arriver et fondre sur nous, comme un nuage d'été, sans nous causer un étonnement particulier ? Vous me faites méconnaître mon propre caractère, quand je songe que, devant de pareilles visions, vous pouvez conserver le rubis naturel de vos joues, alors que les miennes sont blanches de frayeur.

ROSS. Quelles visions, monseigneur ?

LADY MACBETH. Je vous en prie, ne lui parlez pas ! Son mal s'aggrave ; toute question l'exaspère. Bonsoir en même temps à tous ! Ne vous souciez pas du protocole, mais partez tous à la fois.

LENNOX. Bonsoir ! et puisse une meilleure santé être accordée à Sa Majesté !

LADY MACBETH. Affectueux bonsoir à tous !

Ils sortent.

MACBETH. Il y aura du sang versé ; on dit que le sang veut du sang. On a vu les pierres remuer et les arbres parler. Des augures, des révélations intelligibles ont, par la voix des pies, des corbeaux et des corneilles, dénoncé l'homme de sang le mieux caché... Où en est la nuit ?

LADY MACBETH. À l'heure encore indécise de sa lutte avec le matin.

MACBETH. Que dis-tu de Macduff, qui refuse de se rendre en personne à notre solennelle invitation ?

LADY MACBETH. Lui avez-vous envoyé quelqu'un, sire ?

MACBETH. Non ! j'en suis prévenu indirectement ; mais j'enverrai quelqu'un. Il n'y a pas un d'eux chez qui je ne tienne un homme à mes gages. J'irai demain, de bonne heure, trouver les sœurs fatidiques. Il faut qu'elles parlent encore ; car je suis maintenant décidé à savoir le pire, fût-ce par les pires moyens : devant mes intérêts, tout doit céder. J'ai marché si loin dans le sang que, si je ne traverse pas le gué, j'aurai autant de peine à retourner qu'à avancer. J'ai dans la tête d'étranges choses qui réclament ma main et veulent être exécutées avant d'être méditées.

LADY MACBETH. Vous avez besoin du cordial de toute créature, le sommeil.

MACBETH. Viens, nous allons dormir. L'étrange folie dont je
160 fus le jouet est une timidité novice qui veut être aguerrie par l'épreuve. Nous sommes encore jeunes dans l'action.

Ils sortent.

SCÈNE 5

Une lande.

Tonnerre. Entrent les trois sorcières, rencontrant Hécate. * déesse des enfers

PREMIÈRE SORCIÈRE. Eh bien ! qu'avez-vous, Hécate ? Vous paraissez irritée.

HÉCATE. N'ai-je pas raison de l'être, mégères, quand vous êtes si insolentes et si effrontées ? Comment avez-vous osé
5 commencer et trafiquer avec Macbeth d'oracles et d'affaires de mort, sans que moi, la maîtresse de vos enchantements, l'agent mystérieux de tout maléfice, j'aie été appelée à intervenir ou à montrer la gloire de notre art ? Et, qui pis est, vous avez fait tout cela pour un fils entêté, rancuneux, colère, qui,
10 comme les autres, vous aime pour lui-même, non pour vous. Mais réparez votre faute maintenant : partez, et venez au trou de l'Achéron[1] me rejoindre demain matin : il doit s'y rendre pour connaître sa destinée. Préparez vos vases, vos sortilèges, vos enchantements, tout enfin. Moi, je vais dans l'air ;
15 j'emploierai cette nuit à une œuvre terrible et fatale. Une grande affaire doit être achevée avant midi. À la pointe de la lune pend une goutte de vapeur profonde ; je l'attraperai avant qu'elle tombe à terre. Cette goutte, distillée par des procédés magiques, fera surgir des apparitions fantastiques qui, par la

1. *l'Achéron* : le fleuve des Enfers.

20 force de leurs illusions, l'entraîneront à sa ruine. Il insultera le destin, narguera la mort, et mettra ses espérances au-dessus de la sagesse, de la religion et de la crainte. Et, vous le savez toutes, la sécurité est la plus grande ennemie des mortels.

Chant derrière le théâtre :

Viens, reviens..., etc.

25 HÉCATE. Écoutez ! on m'appelle. Vous voyez ! mon petit esprit m'attend, assis dans un nuage de brume.

Elle sort.

PREMIÈRE SORCIÈRE. Allons, hâtons-nous ! Elle sera bientôt de retour.

Sortent les Sorcières.

SCÈNE 6

Un château en Écosse.

Entrent Lennox et un autre Seigneur.

LENNOX. Mes dernières paroles ont frappé votre pensée, qui pourra les interpréter à loisir... Je dis seulement que les choses ont été étrangement menées. Macbeth s'est apitoyé sur le gracieux Duncan ?... Pardieu, il était mort !... Quant au vaillant
5 Banquo, il s'est promené trop tard... Vous pouvez dire, si cela vous plaît, que c'est Fléance qui l'a tué, car Fléance s'est sauvé... On ne doit pas se promener trop tard. Comment se refuser à voir tout ce qu'il y a eu de monstrueux de la part de Malcolm et de Donalbain à tuer leur auguste père ? Exécrable
10 action ! Combien elle a affligé Macbeth ! n'a-t-il pas immédiatement, dans une rage pieuse, mis en pièces les deux coupables, qui étaient esclaves de l'ivresse et captifs du sommeil ? N'est-ce pas là une noble action ?... Oui, et fort prudente aussi, car cela aurait pu irriter un cœur vif
15 d'entendre ces hommes nier le fait... Bref, je dis qu'il a bien arrangé les choses ; et je pense que, s'il tenait sous clef les fils

de Duncan (ce qui n'arrivera pas, s'il plaît à Dieu), ils verraient ce que c'est que de tuer un père ; et Fléance aussi ! Mais, silence ! car, pour avoir parlé trop haut et manqué de paraître
20 à la fête du tyran, j'apprends que Macduff est en disgrâce. Pouvez-vous me dire, monsieur, où il s'est réfugié ?

LE SEIGNEUR. Le fils de Duncan, dont ce tyran usurpe les droits héréditaires, vit à la cour d'Angleterre, où il est reçu par le très pieux Édouard avec tant de grâce que la malveillance
25 de la fortune ne lui fait rien perdre des honneurs qui lui sont dus. Macduff aussi s'est rendu là : il va prier le saint roi de lancer à son aide Northumberland, le belliqueux Siward,* afin que, grâce à ce secours et à la sanction du Très-Haut, nous puissions de nouveau mettre le couvert sur notre table, dormir
30 toutes nos nuits, délivrer nos fêtes et nos banquets des couteaux sanglants, rendre un légitime hommage et recevoir de purs honneurs, toutes satisfactions auxquelles nous ne pouvons qu'aspirer aujourd'hui. Cette nouvelle a tellement exaspéré le roi qu'il fait des préparatifs de guerre.

35 LENNOX. Avait-il fait mander* Macduff ?

LE SEIGNEUR. Oui ! et Macduff ayant répondu résolument : « Non, monsieur ! » le messager lui a tourné le dos d'un air nébuleux, en grondant, comme s'il voulait dire : « Vous déplorerez le moment où vous m'embarrassez de cette
40 réponse. »

LENNOX. Voilà qui doit bien engager Macduff à être prudent et à garder la distance que la sagesse lui indique. Puisse, avant son arrivée, quelque saint ange voler à la cour d'Angleterre et y révéler son message, en sorte que la paix bénie soit rendue
45 au plus vite à notre patrie accablée sous une main maudite !

LE SEIGNEUR. Mes prières l'accompagnent !

Ils sortent.

* Comte de Northumberland, général de l'armée anglaise

* faire venir

Questions

Compréhension

1. *Scène 4 : quelle devrait être l'attitude du roi Macbeth offrant un banquet aux seigneurs écossais ? Pourquoi ne peut-il pas tenir son rôle d'hôte ?*

2. *Parmi tous les convives, quel est le seul à voir le spectre ?*

3. *Quel est le seigneur qui ne s'est pas rendu à l'invitation de Macbeth ?*

4. *Scène 5 : dans quel but Hécate veut-elle induire en Macbeth un sentiment de sécurité ?*

5. *Scène 6 : en quoi cette scène est-elle un prolongement de l'acte II, scène 4 ?*

6. *C'est la première fois que l'on mentionne le nom du roi d'Angleterre. Comment est-il présenté ? Que va-t-il advenir du royaume d'Écosse ?*

Ecriture

7. *Scène 4 : montrez comment le fonctionnement dramatique de cette scène accentue le divorce entre le comportement que l'on attend de Macbeth et celui qu'il adopte.*

8. *Scène 5 : réécrivez, avec vos propres mots, le discours que tient Hécate aux sorcières !*

9. *Scène 6 : pourquoi le langage de Lennox n'est-il pas plus direct ?*

Mise en scène

10. *Scène 4 : pour obtenir l'effet de terreur approprié, quel est le moyen scénique le plus efficace : faire apparaître matériellement, ou non, le fantôme de Banquo ? À votre avis, du temps de Shakespeare, quelle était la solution adoptée ?*

11. *Scène 5 : cette scène de jalousie entre sorcières risque de provoquer le rire du spectateur moderne, ce qui n'est pas sa fonction. Comment éviter cet écueil ?*

12. *Scène 6 : comment Lennox peut-il faire comprendre, scéniquement, malgré son langage codé, les soupçons qu'il a sur Macbeth ?*

Bilan

L'action

• Ce que nous savons

Macbeth décide de tuer Banquo. Il prépare ce crime avec deux meurtriers, chargés de l'exécuter tandis qu'il est à cheval avec son fils. Macbeth, méfiant, a convoqué un troisième meurtrier pour mener à bien ce double crime. Ironie du sort ! Fléance, le fils de Banquo, parvient à s'enfuir. Son père, lui, est assassiné. C'est ce qu'apprend Macbeth, lors du banquet offert à la noblesse écossaise, qu'il préside. Ses peurs sont ravivées. Invité à se mettre à table, il est effrayé par une apparition qu'il est seul à voir : le spectre de Banquo. Lady Macbeth tâche, en vain, de sauver les apparences. Macbeth constate l'absence de Macduff au banquet et prévoit de consulter de nouveau les trois sorcières, pour connaître son destin. Hécate s'en prend aux trois devineresses, qui ne l'ont pas invitée lors de leur première rencontre avec Macbeth. Elle prévoit une entrevue spectaculaire avec lui. Lennox révèle à un seigneur inconnu ses soupçons sur Macbeth. Quant à Macduff, il a gagné l'Angleterre, et, sous la bannière du roi anglais Édouard, s'organisent les forces hostiles à Macbeth.

• À quoi faut-il nous attendre ?

Où va s'arrêter la spirale du crime ?

Les personnages

• Ce que nous savons

***Macbeth** : nous voyons pour la première fois Macbeth exerçant la fonction royale. Sa ruse, sa duplicité sont évidentes quand il obtient des informations de Banquo dont il compte se servir pour le mettre à mort, sans en informer sa femme. Toute son action converge maintenant dans un seul but : empêcher la lignée de Banquo de régner. Mais il reconnaît qu'il existe une ironie du sort, capable de retourner ses ruses contre lui. Il provoque vainement le Destin en duel. Son pouvoir de manipulation, la bassesse morale où il est descendu se révèlent dans sa conversation avec les meurtriers. Dans son échange avec Lady Macbeth,* *il se présente comme écartelé entre les cauchemars qui le rongent et sa détermination à aller plus loin dans son entreprise infernale. Il est devenu incapable d'assumer le pouvoir royal ; quand il apprend la mort de Banquo et la fuite de Fléance, il est tout entier le jouet de ses hallucinations. Mais il demeure une machine à tuer.*

Lady Macbeth : *elle-même nourrit des frayeurs, mais tâche de les vaincre et de réconforter son mari, pour qu'il ne s'abandonne pas aux siennes. Lors du banquet, elle joue son rôle de reine en s'efforçant de maintenir les apparences. Mais elle ne peut cacher son mépris pour son mari, et le lui exprime, ce qui révèle la tension existant entre eux, en cette dernière scène où ils apparaissent ensemble.*

• ***À quoi faut-il nous attendre ?***

Combien de temps peut durer l'amour du couple de tyrans ?

L'écriture

• ***Ce que nous savons***

Macbeth se révèle incapable de parler le langage que l'on est en droit d'attendre de la part d'un roi. Au discours régalien, ou tout simplement orné, diplomatique, il ne sacrifie presque jamais : au milieu de ses pairs (scène du banquet), ou il est muet, ou il laisse libre cours à ses frayeurs. Il est nettement plus à son aise, plus bavard, quand il parle crime et petite politique avec les tueurs à gages qu'il a embauchés. Lady Macbeth, elle, sait tenir un langage convenant à son nouveau rang, et ne supporte pas que son mari en soit incapable : la crise de leur couple passe par cette crise du langage. Plus Macbeth fait allégeance aux immenses pouvoirs des forces du mal, moins il est apte à être obéi, ou simplement entendu par ses pairs.

• ***Pour aller plus loin***

Assistons-nous à la naissance d'un nouveau langage politique ?

Macbeth par Théodore Chassériau (1819-1856), Valenciennes, musée des Beaux-Arts.

ACTE IV

SCÈNE PREMIÈRE

Une caverne. Au milieu, un chaudron bouillant.
Tonnerre. Entrent les trois Sorcières.

PREMIÈRE SORCIÈRE

Trois fois le chat tacheté a miaulé.

DEUXIÈME SORCIÈRE

Trois fois ; et une fois le hérisson a grogné.

TROISIÈME SORCIÈRE

La harpie crie : « Il est temps ! il est temps ! »

PREMIÈRE SORCIÈRE

Tournons en rond autour du chaudron,
5 *Et jetons-y les entrailles empoisonnées.*
Crapaud, qui, sous la froide pierre,
Endormi trente-un jours et trente-une nuits,
As mitonné dans ton venin,
Bous le premier dans le pot enchanté.

TOUTES TROIS

10 *Double, double, peine et trouble !*
Feu, brûle ; et, chaudron, bouillonne !

DEUXIÈME SORCIÈRE

Filet de couleuvre de marais,
Dans le chaudron bous et cuis.
Œil de salamandre, orteil de grenouille,
15 *Poil de chauve-souris et langue de chien,*
Langue fourchue de vipère, dard de reptile aveugle,
Patte de lézard, aile de hibou,
Pour faire un charme puissant en trouble,
Bouillez et écumez comme une soupe d'enfer.

TOUTES TROIS

20 *Double, double, peine et trouble !*
Feu, brûle ; et, chaudron, bouillonne !

TROISIÈME SORCIÈRE

Écaille de dragon, dent de loup,
Momie de sorcière, estomac et gueule
Du requin dévorant des mers,
25 *Racine de ciguë arrachée dans l'ombre,*
Foie de juif blasphémateur,
Fiel de bouc, branches d'if
Cassées dans une éclipse de lune,
Nez de Turc et lèvre de Tartare,
30 *Doigt d'un marmot étranglé en naissant*
Et mis bas par une drôlesse dans un fossé,
Faites une bouillie épaisse et visqueuse ;
Ajoutons les boyaux de tigre,
Comme ingrédient, dans notre chaudron.

TOUTES TROIS

35 *Double, double, peine et trouble !*
Feu, brûle ; et, chaudron, bouillonne !

DEUXIÈME SORCIÈRE

Refroidissons le tout avec du sang de babouin,
Et le charme sera solide et bon.

Entre Hécate.

HÉCATE. Oh ! c'est bien ! J'approuve votre besogne et
40 chacune aura part au profit. Maintenant, tout autour du chaudron, entonnez une ronde comme les elfes et les fées, pour enchanter ce que vous y avez mis.

CHANSON

Hécate sort.

DEUXIÈME SORCIÈRE. Au picotement de mes pouces, je sens qu'un maudit vient par ici. Ouvrez, serrures, à quiconque
45 frappe !

Entre Macbeth.

MACBETH. Eh bien ! mystérieuses et noires larves de minuit, que faites-vous ?

TOUTES TROIS. Une œuvre sans nom.

MACBETH. Je vous en conjure! au nom de l'art que vous
50 professez, quels que soient vos moyens de savoir, répondez-moi! Dussiez-vous déchaîner les vents et les lancer à l'assaut des églises; dussent les vagues écumantes détruire et engloutir toutes les marines; dussent les blés en épis être couchés, et les arbres abattus; dussent les châteaux s'écrouler sur ceux qui
55 les gardent; dussent les palais et les pyramides renverser leurs têtes sur leurs fondements; dussent du trésor de la nature tomber pêle-mêle tous les germes, jusqu'à ce que la destruction même soit écœurée, répondez à ce que je vous demande!

60 PREMIÈRE SORCIÈRE. Parle.

DEUXIÈME SORCIÈRE. Questionne.

TROISIÈME SORCIÈRE. Nous répondrons.

PREMIÈRE SORCIÈRE. Dis! aimes-tu mieux tout savoir de notre bouche ou de celle de nos maîtres?

65 MACBETH. Appelez-les! faites-les-moi voir!

PREMIÈRE SORCIÈRE. Versons le sang d'une truie qui a mangé ses neuf pourceaux; prenons de la graisse qui a suinté du gibet d'un meurtrier, et jetons-la dans la flamme.

TOUTES TROIS. Viens d'en bas ou d'en haut, et montre-
70 toi adroitement dans ton œuvre.

Tonnerre. Première apparition, une tête armée.

MACBETH. Dis-moi, puissance inconnue,...

PREMIÈRE SORCIÈRE. Il connaît ta pensée. Écoute ses paroles, mais ne dis rien.

APPARITION I. Macbeth! Macbeth! Macbeth! défie-toi de
75 Macduff! défie-toi du thane de Fife!... Renvoyez-moi. C'est assez.

L'Apparition redescend.

MACBETH. Qui que tu sois, merci de ton bon avis! Tu as fait vibrer la corde de mon inquiétude. Mais un mot encore!

PREMIÈRE SORCIÈRE. Il ne se laisse pas commander... En
80 voici un autre plus puissant que le premier.

Tonnerre. Deuxième apparition, un enfant ensanglanté.

LE FANTÔME. Macbeth ! Macbeth ! Macbeth !

MACBETH. Je t'écouterais de trois oreilles, si je les avais.

LE FANTÔME. Sois sanguinaire, hardi et résolu : ris-toi du pouvoir de l'homme, car nul être né d'une femme ne pourra
85 nuire à Macbeth.

L'Apparition redescend.

MACBETH. Alors, vis, Macduff. Qu'ai-je besoin de te craindre ? Mais, n'importe ! Je veux avoir une garantie double et engager le destin : tu ne vivras pas ! Ainsi, je pourrai dire à la Peur et au cœur blême qu'elle ment, et dormir en dépit de la
90 foudre.

Tonnerre. Troisième apparition, un enfant couronné ayant un arbre dans la main.

Quel est celui qui surgit, pareil au fils d'un roi, et dont le front d'enfant porte le cercle, insigne du pouvoir royal ?

LES TROIS SORCIÈRES. Écoute, mais ne lui parle pas.

APPARITION III. Sois d'humeur léonine,* sois fier ; et ne
95 t'inquiète pas de ceux qui ragent, s'agitent ou conspirent ; jamais Macbeth ne sera vaincu, avant que la grande forêt de Birnam marche contre lui jusqu'à la haute colline de Dunsinane.

* propre au lion

L'Apparition redescend.

MACBETH. Cela ne sera jamais. Qui peut faire la presse sur
100 une forêt et sommer un arbre de détacher sa racine fixée en terre ? Douces prédictions ! Ô bonheur ! Révolte, ne lève pas la tête avant que la forêt de Birnam se lève, et notre Macbeth vivra dans les grandeurs tout le bail de la nature, pour ne rendre qu'à l'heure coutumière de la mort le dernier soupir...
105 Cependant mon cœur palpite pour savoir encore une chose : dites-moi, autant que votre art peut le deviner, si la lignée de Banquo régnera jamais dans ce royaume.

LES TROIS SORCIÈRES. Ne cherche pas à en savoir davantage.

110 MACBETH. Je veux être satisfait. Si vous me le refusez, qu'une éternelle malédiction tombe sur vous ! Dites-moi tout. Pourquoi ce chaudron s'enfonce-t-il ? et quel est ce bruit ?

Symphonie de hautbois.

PREMIÈRE SORCIÈRE. Montrez-vous !

DEUXIÈME SORCIÈRE. Montrez-vous !

115 TROISIÈME SORCIÈRE. Montrez-vous !

TOUTES TROIS. Montrez-vous à ses yeux, et affligez son cœur. Venez, puis disparaissez, ombres légères.

Huit Rois paraissent et traversent le théâtre à la file ; le dernier avec un miroir à la main. Banquo les suit.

MACBETH. Tu ressembles trop à l'esprit de Banquo : disparais ! ta couronne brûle mes prunelles... Tes cheveux, à toi, 120 autre front cerclé d'or, sont comme ceux du premier... Le troisième ressemble au précédent... Sales sorcières, pourquoi me montrez-vous cela ?... Un quatrième !... Écartez-vous, mes yeux !... Quoi ! cette ligne se prolongera-t-elle jusqu'aux craquements de la fin du monde ? Un autre encore !... Un 125 septième !... Je n'en veux plus voir. Et pourtant le huitième apparaît, tenant un miroir qui m'en montre une foule d'autres, et j'en vois qui portent un double globe et un triple sceptre ! Horrible vision ! À présent, je le vois, c'est la vérité ; car voici Banquo, tout barbouillé de sang, qui sourit et me 130 montre ses enfants dans ces rois... Quoi ! en serait-il ainsi ?

PREMIÈRE SORCIÈRE. Oui, seigneur, c'est ainsi... Mais pourquoi Macbeth reste-t-il ainsi stupéfait ? Allons ! mes sœurs, distrayons-le en lui montrant le meilleur de nos divertissements. Je vais charmer l'air pour en tirer des sons, tandis 135 que vous exécuterez votre antique ronde. Puisse alors ce grand roi reconnaître que nous avons dignement fêté sa venue !

Musique. Les Sorcières dansent et s'évanouissent...

MACBETH. Où sont-elles ? Parties !... Que cette heure funeste reste à jamais maudite dans le calendrier !... Entrez, vous qui 140 êtes là, dehors.

Entre Lennox.

LENNOX. Quel est le désir de Votre Grâce ?

MACBETH. Avez-vous vu les sœurs fatidiques ?

LENNOX. Non, monseigneur.

MACBETH. N'ont-elles pas passé près de vous ?

145 LENNOX. Non, vraiment, monseigneur.

MACBETH. Infecté soit l'air sur lequel elles chevauchent ! Et damnés soient tous ceux qui les croient !... J'ai entendu un galop de cheval. Qui donc est arrivé ?

LENNOX. Ce sont deux ou trois cavaliers, monseigneur, qui 150 vous apportent la nouvelle que Macduff s'est enfui en Angleterre.

MACBETH. Enfui en Angleterre ?

LENNOX. Oui, mon bon seigneur.

MACBETH. Ô temps, tu préviens mes exploits redoutés. 155 L'intention fugace n'est jamais atteinte, à moins que l'action ne l'accompagne. À l'avenir, le premier mouvement de mon cœur sera le premier mouvement de ma main. Aujourd'hui même, pour couronner ma pensée par un acte, que la résolution prise soit exécutée ! Je veux surprendre le château 160 de Macduff, m'emparer de Fife, passer au fil de l'épée sa femme, ses petits enfants et tous les êtres infortunés qui le continuent dans sa race. Pas de niaise forfanterie ! J'accomplirai cette action avant que l'idée refroidisse. Mais plus de visions !... Où sont ces messieurs ? Allons ! conduisez-moi où 165 ils sont.

Ils sortent.

SCÈNE 2

Fife. Le château de Macduff.

Entrent la femme de Macduff, son fils et Ross.

LADY MACDUFF. Qu'avait-il fait qui l'obligeât à fuir le pays ?

ROSS. Vous devez avoir de la patience, madame.

LADY MACDUFF. Il n'en a pas eu, lui ! Sa fuite a été une folie. À défaut de nos actes, nos peurs font de nous des
5 traîtres.

ROSS. Vous ne savez pas s'il y a eu de sa part sagesse ou peur.

LADY MACDUFF. Sagesse ! laisser sa femme, laisser ses enfants, ses gens et ses titres dans un lieu d'où il s'enfuit lui-
10 même ! Il ne nous aime pas. Il n'a pas même l'instinct de la nature : le pauvre roitelet, le plus petit des oiseaux, défendra ses petits dans son nid contre le hibou. Il n'y a que la peur, et pas d'affection, non, pas plus que de sagesse, dans cette fuite précipitée contre toute raison.

15 ROSS. Chère cousine, je vous en prie, raisonnez-vous. Car, pour votre mari, il est noble, sage, judicieux ; il connaît à fond les crises de notre époque. Je n'ose en dire davantage. Mais ce sont des temps cruels que ceux où nous sommes traîtres sans le savoir, où nous écoutons les rumeurs de la crainte sans
20 savoir ce que nous craignons, ballottés sur une mer mauvaise et déchaînée !... Je prends congé de vous. Avant peu, je reviendrai. Quand une situation est au pire, il faut qu'elle cesse ou qu'elle se relève... Mon joli cousin, le ciel vous bénisse !

25 LADY MACDUFF. Il a un père, et pourtant il n'a pas de père.

ROSS. Je suis si stupide qu'en restant plus longtemps je me déshonorerais et vous gênerais. Je prends immédiatement congé de vous.

Il sort.

LADY MACDUFF. Garnement, votre père est mort. Qu'allez-
30 vous faire ? Comment vivrez-vous ?

L'ENFANT. Comme les oiseaux, mère.

LADY MACDUFF. Quoi ! de vers et de mouches ?

L'ENFANT. Je veux dire de ce que je trouverai, comme eux.

LADY MACDUFF. Pauvre oiseau ! tu ne craindrais jamais le
35 filet, ni la glu, ni les pièges, ni le trébuchet ?

L'ENFANT. Pourquoi les craindrais-je, mère ? Ils ne sont pas faits pour les pauvres oiseaux. Vous avez beau dire, mon père n'est pas mort.

LADY MACDUFF. Si, il est mort. Comment remplaceras-tu un
40 père ?

L'ENFANT. Et vous, comment remplacerez-vous un mari ?

LADY MACDUFF. Ah ! je puis m'en acheter vingt au premier marché venu.

L'ENFANT. Alors vous ne les achèterez que pour les
45 revendre.

LADY MACDUFF. Tu parles avec tout ton esprit, et, ma foi ! avec assez d'esprit pour ton âge.

L'ENFANT. Est-ce que mon père était un traître, mère ?

LADY MACDUFF. Oui, c'en était un.

50 L'ENFANT. Qu'est-ce que c'est qu'un traître ?

LADY MACDUFF. Eh bien ! c'est quelqu'un qui fait un faux serment.

L'ENFANT. Et ce sont des traîtres tous ceux qui font ça ?

LADY MACDUFF. Quiconque le fait est un traître et mérite
55 d'être pendu.

L'ENFANT. Et tous ceux qui font un faux serment méritent-ils d'être pendus ?

LADY MACDUFF. Tous.

L'ENFANT. Qui est-ce qui doit les pendre ?

60 LADY MACDUFF. Eh bien ! les honnêtes gens.

L'ENFANT. Alors les faiseurs de faux serments sont des imbéciles ; car ils sont assez nombreux pour battre les honnêtes gens et les pendre.

LADY MACDUFF. Que Dieu te vienne en aide, pauvre petit
65 singe ! Mais qui te tiendra lieu de père ?

L'ENFANT. Si mon père était mort, vous le pleureriez ; si vous ne le pleuriez pas, ce serait signe que j'en aurais bien vite un nouveau.

LADY MACDUFF. Pauvre babillard ! comme tu jases !

Entre un Messager.

70 LE MESSAGER. Le ciel vous bénisse, belle dame ! Vous ne me connaissez pas, bien que je sache parfaitement le rang que vous tenez. Je soupçonne que quelque danger vous menace.

Si vous voulez suivre l'avis d'un homme qui parle net, qu'on ne vous trouve pas ici ! fuyez avec vos petits. Je suis bien
75 brutal, je le sens, de vous effrayer ainsi. Bien pire serait pour vous l'horrible cruauté qui menace de si près votre personne. Dieu vous préserve ! Je n'ose rester plus longtemps.

Il sort.

LADY MACDUFF. Où dois-je fuir ? Je n'ai pas fait de mal. Mais je me rappelle à présent que je suis sur la terre, où faire le mal
80 est souvent chose louable, et faire le bien, une dangereuse folie. Pourquoi donc, hélas ! invoquer cette féminine excuse que je n'ai pas fait de mal ?...

Entrent des Meurtriers.

Quels sont ces visages ?

PREMIER MEURTRIER. Où est votre mari ?

85 LADY MACDUFF. Pas dans un lieu assez maudit, j'espère, pour qu'un homme tel que toi puisse le trouver.

LE MEURTRIER. C'est un traître.

L'ENFANT. Tu mens, scélérat aux oreilles velues !

LE MEURTRIER, *le poignardant.* Comment ! fœtus ! graine de
90 traîtrise ! menu fretin de trahison !

L'ENFANT. Il m'a tué, mère ! Sauvez-vous, je vous en prie !

Lady Macduff sort en criant au meurtre, et poursuivie par les Meurtriers.

Questions

Compréhension

1. *Scène 1 : quelles sont les quatre visions successives présentées à Macbeth dans la scène de sorcellerie ? En connaissez-vous la signification ?*

2. *Quel effet a sur Macbeth l'annonce de la fuite en Angleterre de Macduff ?*

3. *Scène 2 : que signifie, dans la bouche de Lady Macduff : « il n'a pas même l'instinct de la nature » ? Quelle fonction joue le dialogue entre la mère et l'enfant ?*

4. *Combien de crimes Macbeth a-t-il déjà commis depuis le début de la pièce ?*

Ecriture

5. *Comparez le langage utilisé dans les scènes 1 et 2. Montrez, par des exemples précis, en quoi il diffère radicalement.*

6. *Scène 2 : réécrivez, dans un langage moderne, la discussion opposant Lady Macduff et son fils.*

7. *Écoutez :*
— *le final de la* Symphonie fantastique *d'Hector Berlioz ;*
— La Nuit sur le Mont Chauve *de Modeste Moussorgsky ;*
— *la scène des sorcières dans l'opéra* Macbeth *de Giuseppe Verdi ;*
— La Danse macabre *de Camille Saint-Saëns.*
Laquelle de ces musiques recrée-t-elle le mieux l'ambiance d'inquiétante étrangeté de la scène 1 de l'acte IV ?

Mise en scène

8. *Comment présenter la nouvelle scène de meurtre ? Sur scène ? Ou en coulisse ? Quelle part doit être faite au réalisme, et à la suggestion ? Qu'est-ce qui marquera le plus le spectateur à cette étape de la pièce ?*

SCÈNE 3

Angleterre. Devant le palais du roi.

Entrent Malcolm et Macduff.

MALCOLM. Allons chercher quelque ombre désolée, et, là, pleurons toutes les larmes de nos tristes cœurs.

MACDUFF. Saisissons plutôt l'épée meurtrière, et, en braves, défendons notre patrie abattue. Chaque matin, de nouvelles
5 veuves hurlent, de nouveaux orphelins sanglotent, de nouvelles douleurs frappent la face du ciel, qui en retentit, comme si, par sympathie pour l'Écosse, il répétait dans un cri chaque syllabe de désespoir.

MALCOLM. Je suis prêt à déplorer ce que je crois, à croire ce
10 que je vois et à réparer ce que je pourrai, dès que je trouverai l'occasion amie. Ce que vous avez dit est peut-être vrai. Mais ce tyran, dont le seul nom ulcère notre langue, était autrefois réputé honnête ; vous l'avez beaucoup aimé ; il ne vous a pas encore effleuré. Je suis jeune, mais vous pouvez par moi bien
15 mériter de lui ; et ce serait sage de sacrifier un pauvre, faible et innocent agneau, pour apaiser un dieu irrité.

MACDUFF. Je ne suis pas un traître.

MALCOLM. Mais Macbeth en est un. Une bonne et vertueuse nature peut se démentir sur un ordre impérial... Mais je vous
20 demande pardon, mon opinion ne peut changer ce que vous êtes. Les anges gardent toujours leur éclat malgré la chute du plus éclatant. Quand tout ce qu'il y a d'infâme aurait le front de la vertu, la vertu n'en devrait pas moins avoir l'air vertueux.

MACDUFF. J'ai perdu mes espérances.

25 MALCOLM. Peut-être à l'endroit même où j'ai trouvé mes doutes. Pourquoi avez-vous quitté votre femme et vos enfants, ces objets si précieux, ces liens d'amour si forts, avec cette brusquerie, sans même leur dire adieu ?... De grâce ! voyez dans mes défiances, non votre déshonneur, mais ma propre
30 sûreté... Vous pouvez être parfaitement sincère, quoi que je puisse penser.

MACDUFF. Saigne, saigne, pauvre patrie !... Grande tyrannie, établis solidement ta base, car la vertu n'ose pas te combattre !

Jouis de ton usurpation : ton titre est consacré !... Adieu, seigneur ! Je ne voudrais pas être le misérable que tu penses, pour tout l'espace de terre qui est dans la griffe du tyran, dût le riche Orient s'y ajouter.

MALCOLM. Ne vous offensez pas. Je ne parle pas ainsi par défiance absolue de vous. Je crois que notre patrie s'affaisse sous le joug ; elle pleure, elle saigne, et chaque jour de plus ajoute une plaie à ses blessures. Je crois aussi que bien des bras se lèveraient pour ma cause ; et ici même le gracieux roi d'Angleterre m'en a offert des meilleurs, par milliers. Mais, après tout, quand j'aurai écrasé ou mis au bout de mon épée la tête du tyran, ma pauvre patrie verra régner plus de vices qu'auparavant ; elle souffrira plus et de plus de manières que jamais, sous celui qui lui succédera.

MACDUFF. Quel sera donc celui-là ?

MALCOLM. Ce sera moi-même ! moi, en qui je sens tous les vices si bien greffés que, quand ils s'épanouiront, le noir Macbeth semblera pur comme neige ; et la pauvre Écosse le tiendra pour un agneau, en comparant ses actes à mes innombrables méfaits.

MACDUFF. Non ! dans les légions mêmes de l'horrible enfer, on ne trouverait pas un démon plus damné en perversité que Macbeth.

MALCOLM. J'accorde qu'il est sanguinaire, luxurieux, avare, faux, fourbe, brusque, méchant, affligé de tous les vices qui ont un nom. Mais il n'y a pas de fond, non, pas de fond, à mon libertinage : vos femmes, vos filles, vos matrones, vos vierges ne rempliraient pas la citerne de mes désirs, et mes passions franchiraient toutes les digues opposées à ma volonté. Mieux vaut Macbeth qu'un roi tel que moi.

MACDUFF. L'intempérance* sans bornes est une tyrannie de la nature : elle a fait le vide prématuré d'heureux trônes et la chute de bien des rois. Cependant ne craignez pas de vous attribuer ce qui est à vous. Vous pourrez assouvir vos désirs à cœur joie et passer pour un homme froid au milieu d'un monde aveuglé. Nous avons assez de dames complaisantes. Il n'y a pas en vous de vautour qui puisse dévorer tout ce qui s'offrira à votre grandeur, aussitôt cette inclination connue.

* Manque de retenue, de modération ds un domaine quelconque

MALCOLM. Outre cela, il y a dans ma nature, composée des plus mauvais instincts, une avarice si insatiable que, si j'étais roi, je retrancherais tous les nobles pour avoir leurs terres ; je
75 voudrais les joyaux de l'un, la maison de l'autre ; et chaque nouvel avoir ne serait pour moi qu'une sauce qui me rendrait plus affamé. Je forgerais d'injustes querelles avec les meilleurs, avec les plus loyaux, et je les détruirais pour avoir leur bien.

80 MACDUFF. L'avarice creuse plus profondément, elle jette des racines plus pernicieuses que la luxure éphémère d'un été ; elle est l'épée qui a tué nos rois. Cependant ne craignez rien : l'Écosse a de quoi combler vos désirs à foison, rien que dans ce qui vous appartient. Tout cela est supportable, avec
85 des vertus pour contrepoids.

MALCOLM. Des vertus ! Mais je n'en ai pas. Celles qui conviennent aux rois, la justice, la sincérité, la tempérance, la stabilité, la générosité, la persévérance, la pitié, l'humanité, la piété, la patience, le courage, la fermeté, je n'en ai pas une
90 once ; mais j'abonde en penchants criminels à divers titres que je satisfais par tous les moyens. Oui, si j'en avais le pouvoir, je verserais dans l'enfer le doux lait de la concorde, je bouleverserais la paix universelle, je détruirais toute unité sur la terre.

95 MACDUFF. Ô Écosse ! Écosse !

MALCOLM. Si un tel homme est fait pour gouverner, parle ! je suis ce que j'ai dit.

MACDUFF. Fait pour gouverner ! non, pas même pour vivre... Ô nation misérable sous un usurpateur au sceptre
100 sanglant, quand reverras-tu tes jours prospères, puisque l'héritier le plus légitime de ton trône reste sous l'interdit de sa propre malédiction et blasphème sa race ?... Ton auguste père était le plus saint des rois ; la reine qui t'a porté, plus souvent à genoux que debout, est morte chaque jour où elle a vécu.
105 Adieu ! Les vices dont tu t'accuses toi-même m'ont banni d'Écosse... Ô mon cœur, ici finit ton espérance !

MALCOLM. Macduff, cette noble émotion, fille de l'intégrité, a effacé de mon âme les noirs scrupules et réconcilié mes pensées avec ta loyauté et ton honneur. Le diabolique

110 Macbeth a déjà cherché par maintes ruses pareilles à m'attirer en son pouvoir, et une sage prudence me détourne d'une précipitation trop crédule. Mais que le Dieu d'en haut intervienne seul entre toi et moi ! Car, dès ce moment, je me remets à ta direction et je rétracte mes calomnies à mon 115 égard ; j'abjure ici les noirceurs et les vices que je me suis imputés, comme étrangers à ma nature. Je suis encore inconnu à la femme ; je ne me suis jamais parjuré ; c'est à peine si j'ai convoité ce qui m'appartenait ; à aucune époque je n'ai violé ma foi ; je ne livrerais pas en traître un démon à un 120 autre ; j'aime la vérité non moins que la vie ; mon premier mensonge, je viens de le faire contre moi-même. Ce que je suis vraiment est à ta disposition, à celle de mon pauvre pays. Déjà, avant ton arrivée ici, le vieux Siward, à la tête de dix mille hommes vaillants, tous réunis sur un même point, allait 125 marcher sur l'Écosse ; maintenant, nous partirons ensemble. Puisse notre fortune être aussi bonne que notre cause est juste ! Pourquoi êtes-vous silencieux ?

MACDUFF. Il est bien difficile de concilier brusquement des choses si bienvenues et si malvenues.

Entre un Docteur.

130 MALCOLM. Bien ! Nous en reparlerons tout à l'heure. Le roi va-t-il venir, dites-moi ?

LE DOCTEUR. Oui, seigneur. Il y a là un tas de misérables êtres qui attendent de lui la guérison ; leur maladie défie les puissants efforts de l'art, mais il n'a qu'à les toucher, et telle 135 est la vertu sainte dont le ciel a doué sa main, qu'ils se rétablissent sur-le-champ.

MALCOLM. Je vous remercie, docteur.

Sort le Docteur.

MACDUFF. De quelle maladie veut-il parler ?

MALCOLM. On l'appelle le *mal du roi*. C'est une opération 140 tout à fait miraculeuse de ce bon prince, et souvent, depuis mon séjour en Angleterre, je la lui ai vu accomplir. Comment il sollicite le ciel, lui seul le sait au juste. Le fait est que des gens étrangement atteints, tout enflés et couverts d'ulcères, pitoyables à voir, vrai désespoir de la chirurgie, sont guéris par lui : il pend autour de leur cou une pièce d'or qu'il attache avec de pieuses prières ; et l'on dit qu'il laisse à la dynastie qui lui succédera le pouvoir béni de guérir. Outre cette étrange vertu, il a le céleste don de prophétie ; et les mille bénédictions suspendues à son trône le proclament plein de grâce.

Entre Ross.

MACDUFF. Voyez qui vient ici !

MALCOLM. Un de mes compatriotes ; mais je ne le reconnais pas encore.

MACDUFF. Mon cousin toujours charmant, soyez le bienvenu ici !

MALCOLM. Je le reconnais. Dieu de bonté, écarte bien vite les causes qui nous font étrangers !

ROSS. Amen, seigneur !

MACDUFF. L'Écosse est-elle toujours dans le même état ?

ROSS. Hélas ! pauvre patrie ! elle a presque peur de se reconnaître ! Elle ne peut plus être appelée notre mère, mais notre tombe. Hormis ce qui n'a pas de conscience, on n'y voit personne sourire : des soupirs, des gémissements, des cris à déchirer l'air s'y font entendre mais non remarquer ; le désespoir violent y semble un délire vulgaire ; la cloche des morts y sonne sans qu'à peine on demande pour qui ; la vie des hommes de bien y dure moins longtemps que la fleur de leur chapeau, elle est finie avant d'être flétrie.

MACDUFF. Ô récit trop minutieux et cependant trop vrai !

MALCOLM. Quel est le dernier malheur ?

ROSS. Parler d'un malheur vieux d'une heure vous ridiculise ; chaque minute en enfante un nouveau.

MACDUFF. Comment va ma femme ?

ROSS. Mais, bien.

MACDUFF. Et tous mes enfants ?

ROSS. Bien, aussi.

MACDUFF. Le tyran n'a pas attaqué leur repos ?

ROSS. Non ! ils étaient bien en repos quand je les ai quittés.

MACDUFF. Ne soyez pas avare de vos paroles : où en sont les choses ?

180 ROSS. Quand je suis parti pour porter ici les nouvelles qui n'ont cessé de m'accabler, le bruit courait que beaucoup de braves gens s'étaient mis en campagne ; et je le crois d'autant plus volontiers que j'ai vu sur pied les forces du tyran. Le moment de la délivrance est venu ; un regard de vous en
185 Écosse ferait naître de nouveaux soldats et déciderait nos femmes mêmes à combattre pour mettre fin à nos cruelles angoisses.

MALCOLM. Qu'elles se consolent ! Nous partons pour l'Écosse. Sa Majesté d'Angleterre nous a prêté dix mille
190 hommes et le brave Siward ; pas de plus vieux ni de meilleur soldat que lui dans la chrétienté !

ROSS. Plût au ciel que je pusse répondre à ces consolations par d'autres ! Mais j'ai à dire des paroles qu'il faudrait hurler dans un désert où aucune oreille ne les saisirait.

195 MACDUFF. Qui intéressent-elles ? la cause générale ? ou ne sont-elles qu'un apanage de douleur dû à un seul cœur ?

ROSS. Il n'est pas d'âme honnête qui ne prenne une part à ce malheur, bien que la plus grande en revienne à vous seul.

MACDUFF. Si elle doit m'échoir, ne me la retirez pas ;
200 donnez-la-moi vite.

ROSS. Que vos oreilles n'aient pas de ma voix une horreur éternelle, si elle leur transmet les accents les plus accablants qu'elles aient jamais entendus !

MACDUFF. Humph ! je devine !

205 ROSS. Votre château a été surpris ; votre femme et vos enfants barbarement massacrés. Vous raconter les détails, ce serait à la curée de ces meurtres ajouter votre mort.

MALCOLM. Ciel miséricordieux !... Allons ! mon cher, n'enfoncez point votre chapeau sur vos sourcils ! Donnez la
210 parole à la douleur : le chagrin qui ne parle pas murmure au cœur gonflé l'injonction de se briser.

MACDUFF. Mes enfants aussi ?

ROSS. Femme, enfants, serviteurs, tout ce qu'ils ont pu trouver.

Macbeth de Verdi, mise en scène Antoine Vitez à l'Opéra de Paris (1984).

215 MACDUFF. Et il a fallu que je fusse absent ! Ma femme tuée aussi ?

ROSS. Oui.

MALCOLM. Prenez courage. Faisons de notre grande vengeance un remède qui guérisse cette mortelle douleur.

220 MACDUFF. Il n'a pas d'enfants !... Tous mes jolis petits ? Avez-vous dit tous ?... Oh ! infernal milan ! Tous ? Quoi ! tous mes jolis poussins, et leur mère, dénichés d'un seul coup !

MALCOLM. Réagissez comme un homme.

MACDUFF. Oui ! mais il faut bien aussi que je ressente ce 225 malheur en homme. Je ne puis oublier qu'il a existé des êtres qui m'étaient si précieux... Le ciel a donc regardé cela sans prendre leur parti ? Coupable Macduff, ils ont tous été frappés à cause de toi ! Misérable que je suis, ce n'est pas leur faute, c'est la mienne, si le meurtre s'est abattu sur leurs âmes. Que 230 le ciel leur donne le repos maintenant !

MALCOLM. Que ceci soit la pierre où votre épée s'aiguise ! Que la douleur se change en colère ! N'émoussez pas votre cœur, enragez-le !

MACDUFF. Oh ! moi ! me borner à jouer la femme par les 235 yeux et le bravache par la langue !... Non !... Ciel clément, coupe court à tout délai ; mets-moi face à face avec ce démon de l'Écosse, place-le à la portée de mon épée, et, s'il m'échappe, ô ciel, pardonne-lui aussi.

MALCOLM. Voilà de virils accents. Allons, rendons-nous 240 près du roi ; nos forces sont prêtes ; il ne nous reste plus qu'à prendre congé. Macbeth est mûr pour la secousse fatale, et les puissances d'en haut préparent leurs instruments. Acceptez tout ce qui peut vous consoler. Elle est longue, la nuit qui ne trouve jamais le jour !

Ils sortent.

Questions

Compréhension

1. *On peut relever dans cette scène un premier ensemble cohérent, du début à l'entrée du docteur (lignes 1 à 129). Dans cette première partie, quel est l'objet de la conversation entre Malcolm et Macduff ? Quelle est la fonction de ce dialogue ?*

2. *L'entrée de Ross détermine un nouveau mouvement de la scène. Analysez les réactions de Macduff aux nouvelles qui lui sont apportées.*

3. *Peut-on maintenant prévoir la fin de la pièce ?*

Ecriture

4. *Qu'est-ce qui frappe le plus lecteurs et spectateurs : l'énumération des vices du tyran, ou celle des qualités du souverain ?*

5. *Montrez comment Shakespeare évoque les forces positives par une technique de contraste avec l'évocation des forces du mal !*

6. *Comparez le personnage de Malcolm dans* Macbeth *à celui de Malcolm dans* Macbett *de Ionesco (fin de la pièce).*

Mise en scène

7. *Nous avons dans cette scène une alternance de tactique politique et de réactions émotionnelles : par quelles techniques scéniques un comédien peut-il rendre poignant ce contraste ?*

Bilan

L'action

• *Ce que nous savons*

Macbeth rencontre de nouveau les sorcières, qui provoquent quatre apparitions prophétiques qui le terrorisent. Il se résout à une nouvelle série de crimes démoniaques, quand il apprend que Macduff a gagné l'Angleterre. La femme, l'enfant de Macduff que nous voyons bavarder chez eux sont sauvagement assassinés. Puis la scène se déroule en Angleterre : Malcolm met à l'épreuve le loyalisme de Macduff, avant de lui faire totalement confiance. Arrive Ross, qui annonce au malheureux mari et père quel fléau vient de le frapper. Tous décident de s'unir aux forces du roi d'Angleterre pour marcher sur l'Écosse.

• *À quoi faut-il nous attendre ?*

Qui va devenir roi d'Écosse ?

Les personnages

• *Ce que nous savons*

***Macbeth** : sa tendance à l'autodestruction devient plus manifeste encore. Il veut à toutes fins connaître un avenir qu'il pressent terrible. Des trois premières apparitions qu'il obtient des sorcières, il tire des conclusions positives, en dépit du bon sens. Mais la quatrième, où défile devant lui la lignée de huit rois d'Écosse descendant de Banquo, provoque en lui un accès de folie furieuse. Il est maintenant définitivement projeté dans un délire meurtrier.*

***Malcolm** : il prend maintenant la stature d'un personnage. Intégrité morale et sens politique sont ses deux qualités premières. Il s'y connaît en hommes, et a le sens du commandement : ainsi conseille-t-il à Macduff de convertir son chagrin en énergie vengeresse, pour la juste cause.*

***Macduff** : son amour pour l'Écosse lui a fait rejoindre Malcolm. Il est désespéré quand celui-ci feint* d'être un rival de Macbeth en tyrannie. Après cette mise à l'épreuve dont il triomphe, un coup terrible le frappe : la nouvelle des crimes qui ont fauché les siens. Dans l'action patriotique, il trouvera une raison de vivre.*

*surprendre par une ruse

• ***À quoi faut-il nous attendre ?***

Quelles sont les caractéristiques du nouveau pouvoir qui prend forme ?

L'écriture

• ***Ce que nous savons***

Cet acte offre un large spectre d'écritures dramatiques : le langage est tour à tour surnaturel (les propos des sorcières), apocalyptique (les phantasmes de Macbeth), pathétique (le dialogue entre la femme et le fils de Macduff), politique (les précautions de Malcolm, sa valeur morale), surnaturel (le mal du roi).

• ***À quoi faut-il nous attendre ?***

Comment les propos sibyllins des sorcières seront-ils convertis en action dramatique dans le dernier acte ?

ACTE V

SCÈNE PREMIÈRE

Dunsinane. Une chambre dans le château.

Entrent un Médecin et une Suivante de service.

LE MÉDECIN. J'ai veillé deux nuits avec vous ; mais je ne puis rien apercevoir qui confirme votre rapport. Quand s'est-elle ainsi promenée pour la dernière fois ?

LA SUIVANTE. Depuis que Sa Majesté est en campagne. Je 5 l'ai vue se lever de son lit, jeter sur elle sa robe de chambre, ouvrir son cabinet, prendre du papier, le plier, écrire dessus, le lire, ensuite le sceller et retourner au lit ; tout cela pourtant dans le plus profond sommeil.

LE MÉDECIN. Grande perturbation de la nature ! Recevoir à 10 la fois les bienfaits du sommeil et agir comme en état de veille !... Dans cette agitation léthargique, outre ses promenades et autres actes effectifs, par moments, que lui avez-vous entendu dire ?

LA SUIVANTE. Des choses, monsieur, que je n'oserais pas 15 répéter après elle.

LE MÉDECIN. Vous pouvez me les redire à moi ; il le faut absolument.

LA SUIVANTE. Ni à vous ni à personne, puisque je n'ai pas de témoin pour confirmer mes dires.

Entre Lady Macbeth, avec un flambeau.

20 Tenez, la voici qui vient ! Justement dans la même tenue ; et, sur ma vie ! profondément endormie. Observez-la ; cachons-nous.

LE MÉDECIN. Comment s'est-elle procuré cette lumière ?

LA SUIVANTE. Ah ! elle l'avait près d'elle ; elle a de la lumière 25 près d'elle continuellement ; c'est son ordre.

LE MÉDECIN. Vous voyez ; ses yeux sont ouverts.

LA SUIVANTE. Oui ! mais ils sont fermés à toute sensation.

LE MÉDECIN. Qu'est-ce qu'elle fait là ?... Regardez comme elle se frotte les mains.

30 LA SUIVANTE. C'est un geste qui lui est habituel, d'avoir ainsi l'air de se laver les mains. Je l'ai vue faire cela pendant un quart d'heure de suite.

LADY MACBETH. Il y a toujours une tache.

LE MÉDECIN. Écoutez ! elle parle. Je vais noter tout ce qui lui
35 échappera, pour mieux fixer mon souvenir.

LADY MACBETH. Va-t'en, maudite tache ! va-t'en ! dis-je... Une ! deux ! Alors il est temps de faire la chose !... L'enfer est sombre !... Fi ! monseigneur ! fi ! un soldat avoir peur !... À quoi bon redouter qu'on le sache, quand nul ne pourra demander
40 compte à notre autorité ? Pourtant qui aurait cru que le vieil homme eût en lui tant de sang ?

LE MÉDECIN. Remarquez-vous cela ?

LADY MACBETH. Le thane de Fife avait une femme ; où est-elle à présent ?... Quoi ! ces mains-là ne seront donc jamais
45 propres ?... Assez, monseigneur, assez ! Vous gâtez tout avec votre agitation.

LE MÉDECIN. Allez ! allez ! vous en savez plus que vous ne devriez !

LA SUIVANTE. Elle a parlé plus qu'elle n'aurait dû, j'en suis
50 sûre. Le ciel sait ce qu'elle sait !

LADY MACBETH. Il y a toujours l'odeur du sang... Tous les parfums d'Arabie ne rendraient pas suave cette petite main ! Oh ! oh ! oh !

LE MÉDECIN. Quel soupir ! Le cœur est douloureusement
55 chargé.

LA SUIVANTE. Je ne voudrais pas avoir dans mon sein un cœur pareil, pour tous les honneurs rendus à sa personne.

LE MÉDECIN. Bien, bien, bien !

LA SUIVANTE. Priez Dieu que tout soit bien, monsieur.

60 LE MÉDECIN. Cette maladie échappe à mon art ; cependant j'ai connu des gens qui se sont promenés dans leur sommeil et qui sont morts saintement dans leur lit.

LADY MACBETH. Lavez vos mains, mettez votre robe de chambre, ne soyez pas si pâle... Je vous le répète, Banquo est
65 enterré : il ne peut pas sortir de sa tombe.

LE MÉDECIN. Serait-il vrai ?

LADY MACBETH. Au lit ! au lit !... On frappe à la porte. Venez, venez, venez, donnez-moi votre main. Ce qui est fait ne peut être défait... Au lit ! au lit ! au lit !

Sort Lady Macbeth.

70 LE MÉDECIN. Ira-t-elle au lit maintenant ?

LA SUIVANTE. Tout droit.

LE MÉDECIN. D'horribles murmures ont été proférés... Des actions contre nature produisent des troubles contre nature. Les consciences infectées déchargent leurs secrets sur les
75 sourds oreillers. Elle a plus besoin du prêtre que du médecin. Dieu, Dieu, pardonne-nous à tous !... Suivez-la. Éloignez d'elle tout ce qui peut être nuisible, et ayez toujours les yeux sur elle... Sur ce, bonne nuit ! Elle a confondu mon âme et effaré mes regards. Mais je n'oserais pas dire ce que je pense.

80 LA SUIVANTE. Bonne nuit, bon docteur !

Ils sortent.

SCÈNE 2

La campagne de Dunsinane.

Tambours et étendards. Entrent Menteith, Caithness, Angus, Lennox et des soldats.

MENTEITH. Les forces anglaises approchent, conduites par Malcolm, son oncle Siward et le brave Macduff. La vengeance brûle en eux : une cause si chère entraînerait un ascète à la charge sanglante et sinistre.

5 ANGUS. Nous les rencontrerons sûrement près de la forêt de Birnam ; c'est par cette route qu'ils arrivent.

CAITHNESS. Qui sait si Donalbain est avec son frère ?

LENNOX. Je suis certain que non, monsieur. J'ai la liste de

tous les gentilshommes. Le fils de Siward en est, ainsi que
10 beaucoup de jeunes imberbes qui font aujourd'hui leurs
premières preuves de virilité.

MENTEITH. Que fait le tyran ?

CAITHNESS. Il fortifie solidement le donjon de Dunsinane.
Quelques-uns disent qu'il est fou ; d'autres, qui le haïssent
15 moins, appellent cela une vaillante furie ; mais ce qui est
certain, c'est qu'il ne peut pas boucler sa cause défaillante
dans le ceinturon de l'autorité.

ANGUS. C'est maintenant qu'il sent ses meurtres secrets se
coller à ses mains. À chaque instant des révoltes lui jettent à la
20 face sa félonie. Ceux qu'il commande obéissent seulement au
commandement, nullement à l'affection... Il sent maintenant
sa grandeur s'affaisser autour de lui, comme une robe de géant
sur le nain qui l'a volée.

MENTEITH. Qui blâmerait ses sens entravés de se révolter et
25 de se cabrer, quand tout ce qui est en lui se reproche d'y être ?

CAITHNESS. Allons ! mettons-nous en marche pour porter
notre obéissance à qui nous la devons. Allons trouver le
médecin de ce pays malade, et, réunis à lui, versons, pour
purger notre patrie, toutes les gouttes de notre sang.

30 LENNOX. Versons-en du moins ce qu'il en faudra pour
arroser la fleur souveraine et noyer l'ivraie. En marche, vers
Birnam.

Ils sortent.

SCÈNE 3

Dunsinane. Une cour dans le château.

Entrent Macbeth, le Médecin, des gens de la suite.

MACBETH. Ne me transmettez plus de rapports !... Qu'ils
désertent tous ! Jusqu'à ce que la forêt de Birnam se transporte
à Dunsinane, je ne puis être atteint par la crainte. Qu'est-ce
que le marmouset Malcolm ? N'est-il pas né d'une femme ?
5 Les esprits, qui connaissent tout l'avenir des mortels m'ont

prédit ceci : « Ne crains rien, Macbeth ; nul homme né d'une femme n'aura jamais de pouvoir sur toi. » Fuyez donc, thanes traîtres, et allez vous mêler aux épicuriens anglais. L'âme par qui je règne et le cœur que je porte ne seront jamais accablés
10 par le doute ni ébranlés par la peur.

Entre un Serviteur.

Que le diable noircisse ta face de crème, empoté ! Où as-tu pris cet air d'oie !

LE SERVITEUR. Il y a dix mille...

MACBETH. Oisons, maraud !

15 LE SERVITEUR. Soldats, seigneur.

MACBETH. Va ! pique-toi le visage pour farder de rouge ta peur, marmot au foie de lis ! Quels soldats, benêt ? Mort de mon âme ! tes joues de chiffon sont conseillères de peur. Quels soldats, face de lait caillé ?

20 LE SERVITEUR. Les forces anglaises, s'il vous plaît.

MACBETH. Ôte ta face d'ici !

Le Serviteur sort.

Seton !... Le cœur me lève quand je vois... Seton ! allons !... Ce grand coup va m'exalter pour toujours ou me désarçonner tout de suite. J'ai assez vécu : le chemin de ma vie se couvre de
25 feuilles jaunes et sèches ; de tout ce qui doit accompagner le vieil âge, le respect, l'amour, l'obéissance, les troupes d'amis, je n'ai plus rien à espérer ; ce qui m'attend à la place, ce sont des malédictions muettes, mais profondes, des hommages dits du bout des lèvres, murmures que les pauvres cœurs
30 retiendraient volontiers, s'ils l'osaient !... Seton !...

Entre Seton.

SETON. Quel est votre gracieux plaisir ?

MACBETH. Quelles nouvelles encore ?

SETON. Tous les rapports se confirment, monseigneur.

MACBETH. Je combattrai jusqu'à ce que ma chair hachée
35 tombe de mes os... Donne-moi mon armure.

SETON. Ce n'est pas encore nécessaire.

MACBETH. Je veux la mettre. Qu'on lance encore de la cavalerie ! qu'on balaie la contrée d'alentour ! qu'on pende ceux qui parlent de peur !... Donne-moi mon armure...
40 Comment va votre malade, docteur ?

LE MÉDECIN. Elle a moins une maladie, monseigneur, qu'un trouble causé par d'accablantes visions qui l'empêchent de reposer.

MACBETH. Guéris-la de cela. Tu ne peux donc pas traiter un
45 esprit malade, arracher de la mémoire un chagrin enraciné, effacer les ennuis inscrits dans le cerveau, et, grâce à quelque doux antidote d'oubli, débarrasser le sein gonflé des dangereuses humeurs qui pèsent sur le cœur ?

LE MÉDECIN. En pareil cas, c'est au malade à se traiter lui-
50 même.

MACBETH. Qu'on jette la médecine aux chiens ! je ne veux rien d'elle... Allons ! mettez-moi mon armure ; donnez-moi mon bâton de commandement... Seton, fais faire une sortie... Docteur, les thanes me désertent... Allons ! mon cher,
55 dépêchons !... Si tu pouvais, docteur, examiner l'urine de mon royaume, découvrir sa maladie, et lui rendre, en le purgeant, sa bonne santé première, j'applaudirais si fort que l'écho nous répéterait des louanges. Extirpe-moi ce mal, te dis-je... Quelle rhubarbe, quel séné, quelle drogue purgative pourrait donc
60 faire évacuer d'ici ces Anglais ?... As-tu ouï parler d'eux ?

LE MÉDECIN. Oui, mon bon seigneur ; les préparatifs de Votre Majesté nous ont donné de leurs nouvelles.

MACBETH. Qu'on porte mon armure derrière moi !... Je ne craindrai pas la mort ni la ruine avant que la forêt de Birnam
65 vienne à Dunsinane.

Tous sortent, excepté le Médecin.

LE MÉDECIN. Si j'avais quitté une bonne fois pour toutes Dunsinane, tout l'or du monde ne m'y ferait pas revenir.

Il sort.

SCÈNE 4

La campagne près de Birnam.

Tambours et drapeaux. Entrent Malcolm, Siward et son fils, Macduff, Menteith, Caithness, Angus, Lennox, Ross, suivis de soldats en marche.

MALCOLM. Cousin, j'espère que le jour n'est pas loin où nous serons en sûreté dans nos foyers.

MENTEITH. Nous n'en doutons nullement.

SIWARD. Quelle est cette forêt devant nous ?

5 MENTEITH. La forêt de Birnam.

MALCOLM. Que chaque soldat coupe une branche d'arbre et la porte devant lui ! par là nous dissimulerons notre force, et nous mettrons en erreur les éclaireurs ennemis.

LES SOLDATS. Nous allons le faire.

10 SIWARD. Tout ce que nous apprenons, c'est que le tyran tient toujours dans Dunsinane avec confiance, et attendra que nous l'y assiégions.

MALCOLM. C'est là sa suprême espérance ; car, partout où l'occasion s'en offre, petits et grands lui font défection. Il n'a
15 plus à son service que des êtres contraints dont le cœur même est ailleurs.

MACDUFF. Que nos jugements équitables attendent l'issue. Jusque-là déployons la plus savante bravoure.

SIWARD. L'heure approche qui nous fera connaître notre
20 avoir et notre déficit. Les conjectures de la pensée reflètent ses espérances incertaines ; mais le dénouement infaillible, ce sont les coups qui doivent le déterminer. À cette fin précipitons la guerre.

Ils se mettent en marche.

Questions

Compréhension

1. *Scène 1 : décrivez la maladie de Lady Macbeth. Quand a-t-elle parlé de se laver les mains la dernière fois ? En quels termes ?*

2. *Scène 2 : dressez l'état des forces regroupées contre Macbeth. Où se dirigent-elles ?*

3. *Scène 3 : comment Macbeth réagit-il quand le médecin lui décrit l'état de santé de sa femme ?*

4. *Scène 4 : qu'est-ce que la tactique militaire choisie par Malcolm vous rappelle ?*

Ecriture

5. *Scène 1 : rédigez le rapport du médecin après examen de Lady Macbeth !*

6. *Comparez les paroles involontaires de Lady Macbeth dans sa crise de somnambulisme avec les propos qu'elle tenait à Macbeth, ou en public.*

7. *Scènes 2, 4 : quel est le champ lexical prédominant dans ces scènes ?*

8. *Scène 3 : relevez dans cette scène tous les traits linguistiques relevant du désespoir politique, humain, métaphysique.*

Mise en scène

9. *Scène 1 : comment rendre scéniquement le contraste entre l'intériorité de Lady Macbeth (accablement, remords) et l'apparence politique qu'elle avait sauvée jusqu'ici (maîtrise de soi, faculté de commander) ?*

10. *Scènes 1, 2, 3, 4 : montrez comment l'enchaînement de ces quatre scènes fait monter la pression dramatique, et conduit au dénouement !*

SCÈNE 5

Dunsinane. La cour du château.

Entrent Macbeth, Seton et des soldats avec tambours et étendards.

MACBETH. Qu'on déploie nos bannières sur les murs extérieurs! le cri de garde est toujours : Ils viennent! Notre château est assez fort pour narguer un siège : qu'ils restent étendus là jusqu'à ce que la famine et la fièvre les dévorent!
5 S'ils n'étaient pas renforcés par ceux qui devraient être des nôtres, nous aurions pu hardiment aller à eux, barbe contre barbe, et les faire battre en retraite jusque chez eux... Quel est ce bruit?

SETON. Ce sont des cris de femmes, mon bon seigneur.

Il sort.

10 MACBETH. J'ai presque perdu le goût de l'inquiétude. Il fut un temps où mes sens se seraient glacés au moindre cri nocturne, où mes cheveux, à un récit lugubre, se seraient dressés et agités comme s'ils étaient vivants. Je me suis gorgé d'horreurs. L'épouvante, familière à mes meurtrières pensées,
15 ne peut plus me faire tressaillir. Pourquoi ces cris?

Seton rentre.

SETON. La reine est morte, monseigneur.

MACBETH. Elle devait bien mourir un jour! Le moment serait toujours venu de dire ce mot-là!... Demain, puis demain, puis demain glisse à petits pas de jour en jour jusqu'à
20 la dernière syllabe du registre des temps; et tous nos hiers n'ont fait qu'éclairer pour des fous le chemin de la mort poudreuse. Éteins-toi, éteins-toi, court flambeau! La vie n'est qu'un fantôme errant, un pauvre comédien qui se pavane et s'agite durant son heure sur la scène et qu'ensuite on n'entend
25 plus; c'est une histoire dite par un idiot, pleine de fracas et de furie, et qui ne signifie rien...

Entre un Messager.

Tu viens pour user de ta langue ; ton conte, vite !

LE MESSAGER. Mon gracieux seigneur, je voudrais vous rapporter ce que j'affirme avoir vu, mais je ne sais comment
30 faire.

MACBETH. Eh bien ! parlez, monsieur !

LE MESSAGER. Comme je montais ma garde sur la colline, j'ai regardé du côté de Birnam, et tout à coup il m'a semblé que la forêt se mettait en mouvement.

35 MACBETH. Misérable menteur !

LE MESSAGER. Que j'endure votre courroux, si cela n'est pas vrai ! vous pouvez, à trois milles d'ici, la voir qui arrive ; je le répète, c'est une forêt qui marche.

MACBETH. Si ton rapport est faux, je te ferai pendre vivant
40 au premier arbre, jusqu'à ce que la faim te racornisse ; s'il est sincère, je me soucie peu que tu m'en fasses autant. Ma fermeté est ébranlée, et je commence à soupçonner l'équivoque du démon, qui ment en disant vrai. « Ne crains rien jusqu'à ce que la forêt de Birnam marche sur Dunsinane ! » Et
45 voici que la forêt marche vers Dunsinane... Aux armes, aux armes ! et sortons ! Si ce qu'il affirme est réel, nul moyen de fuir d'ici ni d'y demeurer. Je commence à être las du soleil, et je voudrais que l'empire du monde fût anéanti en ce moment. Qu'on sonne la cloche d'alarme !... Vent, souffle ! Viens,
50 destruction ! Nous mourrons, du moins, le harnais sur le dos.

Ils sortent.

SCÈNE 6

Dunsinane, devant le château.

Tambours et drapeaux. Entrent Malcolm, Siward, Macduff, et leur armée portant des branches d'arbres.

MALCOLM. Assez près maintenant ! Jetez vos écrans de feuillage, et montrez-vous comme vous êtes... Vous, digne oncle, avec mon cousin, votre noble fils, vous commanderez notre front de bataille ; le digne Macduff et nous, nous nous
5 chargeons du reste, conformément à notre plan.

SIWARD. Adieu ! Pour peu que nous rencontrions ce soir les forces du tyran, je veux être battu, si nous ne savons pas leur tenir tête.

MACDUFF. Faites parler toutes nos trompettes ; donnez-
10 leur tout leur souffle, à ces bruyants hérauts du sang et de la mort.

Ils sortent. Fanfares d'alarmes prolongées.

SCÈNE 7

Dunsinane. Une autre partie de la plaine.

MACBETH. Ils m'ont lié à un poteau ; je ne puis pas fuir, et il faut, comme l'ours, que je soutienne la lutte... Où est celui qui n'est pas né d'une femme ? C'est lui que je dois craindre, ou personne.

Entre le jeune Siward.

5 LE JEUNE SIWARD. Quel est ton nom ?

MACBETH. Tu seras effrayé de l'entendre.

LE JEUNE SIWARD. Non ! quand tu t'appellerais d'un nom plus brûlant que tous ceux de l'enfer.

MACBETH. Mon nom est Macbeth.

10 LE JEUNE SIWARD. Le diable lui-même ne pourrait prononcer un titre plus odieux à mon oreille.

MACBETH. Non ! ni plus terrible.

LE JEUNE SIWARD. Tu mens, tyran abhorré ! Avec mon épée je vais te prouver ton mensonge.

Ils se battent ; le jeune Siward est tué.

15 MACBETH. Tu étais né d'une femme... Je souris aux épées, je nargue les armes brandies par tout homme né d'une femme.

Il sort.

Fanfare d'alarme. Entre Macduff.

MACDUFF. C'est d'ici que venait le bruit... Tyran, montre ta face ; si tu n'es pas tué de ma main, les ombres de ma femme et de mes enfants me hanteront toujours. Je ne puis pas
20 frapper les misérables mercenaires, dont les bras sont loués pour porter leur épieu. C'est toi, Macbeth, qu'il me faut ; sinon, je rentrerai au fourreau, sans en avoir essayé la lame, mon épée inactive. Tu dois être par là. Ce grand cliquetis semble annoncer un combattant du plus grand éclat. Fais-
25 le-moi trouver, Fortune, et je ne demande plus rien.

Il sort. Fanfare d'alarme.

Entrent Malcolm et le vieux Siward.

SIWARD. Par ici, monseigneur ! Le château est en train de tomber. Les gens du tyran combattent dans les deux armées ; les nobles thanes guerroient bravement ; la journée semble presque se déclarer pour vous ; et il reste peu à faire.

30 MALCOLM. Nous avons rencontré des ennemis qui frappent à côté de nous.

SIWARD. Entrons dans le château, seigneur.

SCÈNE 8

Rentre Macbeth.

MACBETH. Pourquoi jouerais-je le fou romain[1] et me tuerais-je de ma propre épée ? Tant que je verrai des vivants, ses entailles feront mieux sur eux.

Rentre Macduff.

MACDUFF. Tourne-toi, limier d'enfer, tourne-toi.

MACBETH. De tous les hommes, je n'ai évité que toi seul ; mais retire-toi : mon âme est déjà trop chargée du sang des tiens.

MACDUFF. Je n'ai pas de paroles, ma voix est dans mon épée, scélérat ensanglanté de forfaits sans nom !

Ils se battent.

MACBETH. Tu perds ta peine. Tu pourrais aussi aisément balafrer de ton épée l'air impalpable que me faire saigner. Que ta lame tombe sur des cimiers vulnérables ! j'ai une vie enchantée qui ne peut pas céder à un être né d'une femme.

MACDUFF. N'espère plus dans ce charme. Que l'ange que tu as toujours servi t'apprenne que Macduff a été arraché du ventre de sa mère avant terme !

MACBETH. Maudite soit la langue qui me dit cela ! car elle vient d'abattre en moi la meilleure part de l'homme. Qu'on ne croie plus désormais ces démons jongleurs qui équivoquent avec nous par des mots à double sens, qui tiennent leur promesse pour notre oreille et la violent pour notre espérance !... Je ne me battrai pas avec toi.

MACDUFF. Alors, rends-toi, lâche ! Et vis pour être montré en spectacle. Nous mettrons ton portrait, comme celui de nos monstres rares, sur un poteau, et nous écrirons dessous : « Ici on peut voir le tyran. »

---

1. *le fou romain* : allusion au suicide de Brutus.

MACBETH. Je ne me rendrai pas. Pour baiser la terre devant les pas du jeune Malcolm, ou pour être harcelé par les malédictions de la canaille ! Bien que la forêt de Birnam soit
30 venue à Dunsinane, et que tu sois mon adversaire, toi qui n'es pas né d'une femme, je tenterai la dernière épreuve ; j'étends devant mon corps mon belliqueux bouclier : frappe, Macduff ; et damné soit celui qui le premier criera : « Arrête ! assez ! »

SCÈNE 9

Dans le château.

Retraite. Fanfare. Rentrent, tambour battant, enseignes déployées, Malcolm, Siward, Ross, Lennox, Angus, Caithness, Menteith et des Soldats.

MALCOLM. Je voudrais que les amis qui nous manquent fussent ici sains et saufs !

SIWARD. Il faut bien en perdre. Et pourtant, à voir ceux qui restent, une si grande journée ne nous a pas coûté cher.

5 MALCOLM. Macduff nous manque, ainsi que votre noble fils.

ROSS, *à Siward.* Votre fils, monseigneur, a payé la dette du soldat : il n'a vécu que le temps de devenir un homme : à peine sa prouesse lui a-t-elle confirmé ce titre que, gardant sans reculer son poste de combat, il est tombé en homme.

10 SIWARD. Il est donc mort ?

ROSS. Oui ! et emporté du champ de bataille. Votre douleur ne doit pas se mesurer à son mérite, car alors elle n'aurait pas de fin.

SIWARD. A-t-il reçu ses blessures par-devant ?

15 ROSS. Oui, de face.

SIWARD. Eh bien ! qu'il soit le soldat de Dieu ! Eussé-je autant de fils que j'ai de cheveux, je ne leur souhaiterais pas une plus belle mort. Et voilà son glas sonné.

MALCOLM. Il mérite plus de regrets ; il les aura de moi.

20 SIWARD. Il n'en mérite pas plus. On dit qu'il est bien parti, et qu'il a payé son écot[1]. Sur ce, que Dieu soit avec lui !... Voici venir une consolation nouvelle.

Rentre Macduff, portant la tête de Macbeth.

MACDUFF. Salut, roi ! car tu l'es.

Il enfonce la pique en terre.

Regarde où se dresse la tête maudite de l'usurpateur. Le siècle
25 est libéré. Ceux que je vois autour de toi, perles de la couronne, répètent mentalement mon salut ; je leur demande de s'écrier tout haut avec moi : « Salut, roi d'Écosse ! »

TOUS. Salut, roi d'Écosse !

Fanfare.

MALCOLM. Nous n'attendrons pas plus longtemps pour faire
30 le compte de tous vos dévouements et nous acquitter envers vous. Thanes et cousins, dès aujourd'hui soyez comtes ; les premiers que jamais l'Écosse honore de ce titre. Tout ce qu'il reste à faire pour replanter à nouveau notre société : rappeler nos amis exilés qui ont fui à l'étranger les pièges d'une
35 tyrannie soupçonneuse ; dénoncer les ministres cruels du boucher qui vient de mourir, et de son infernale reine, qui s'est, dit-on, violemment ôté la vie de ses propres mains ; enfin, tous les actes urgents qui nous réclament, nous les accomplirons, avec la grâce de Dieu, dans l'ordre, en temps et
40 lieu voulus. Sur ce, merci à tous et à chacun ! Nous vous invitons à venir à Scone assister à notre couronnement.

Fanfare. Tous sortent.

1. *son écot* : sa contribution.

Questions

Compréhension

1. *Scène 5 : quelles sont les deux nouvelles rapportées à Macbeth ?*

2. *Scènes 7, 8 : pourquoi Macbeth garde-t-il, puis perd-il sa confiance en lui lors des deux combats successifs ?*

3. *Scène 9 : comment Lady Macbeth est-elle morte ?*

4. *Quelle nouvelle structure politique se met en place ?*

Ecriture

5. *Scène 5 : « la vie n'est qu'un fantôme errant, un pauvre comédien qui se pavane et s'agite durant son heure sur la scène, et qu'ensuite on n'entend plus ; c'est une histoire dite par un idiot, pleine de fracas et de furie, et qui ne signifie rien »... Cette réplique est devenue un adage universel. Est-elle le propos d'un fou criminel, ou le fondement d'une sagesse humaniste ?*

6. *Scènes 6, 7, 8 : montrez comment l'action se précipite. Par quelles techniques d'écriture Shakespeare porte-t-il la confusion à son summum ?*

7. *Scène 9 : montrez comment le discours final de Malcolm s'oppose aux scènes précédentes (style, vocabulaire, rythme).*

Mise en scène

8. *Scènes 5 à 9 : les scènes militaires sont-elles mieux restituées scéniquement par quelques acteurs, ou par l'emploi de nombreux figurants ?*

9. *Scènes 5 à 9 : face aux fresques historiques que propose le cinéma (cf.* Napoléon *d'Abel Gance,* Ivan le terrible *d'Eisenstein), le théâtre peut-il proposer une représentation réaliste de la guerre ?*

10. *Quelles disciplines artistiques peuvent-elles se combiner pour donner une représentation stylisée crédible de la violence des combats ?*

Bilan

L'action

• *Ce que nous savons*

Lady Macbeth fait son entrée, un flambeau à la main. Dans ses crises de somnambulisme, elle trahit tout haut son obsession de laver ses mains du sang qu'elle a fait répandre. Pendant ce temps, les opposants à Macbeth s'organisent, se rassemblent. Macbeth perd le contrôle des événements militaires. Il écoute à peine le docteur qui lui rend compte de la maladie de sa femme. Les forces adverses ont fait leur jonction à la forêt de Birnam. Camouflés avec des branches, les soldats marchent sur Dunsinane. Des cris de femmes se font entendre sur scène ; Macbeth apprend que sa femme est morte, et que « la forêt de Birnam vient vers Dunsinane » : il comprend que les prédictions des sorcières commencent à se réaliser. C'est le début de la bataille ; Macbeth tue le jeune Siward, puis il est provoqué en duel par Macduff. Il prend peur, lorsqu'il apprend de la bouche de son adversaire « qu'il n'est pas né d'une femme », mais est venu au monde par césarienne. Il se bat néanmoins jusqu'au bout. Il est tué sur scène. Devant les seigneurs écossais victorieux, assemblés autour de Malcolm, qu'ils proclament leur souverain, Macduff brandit la tête de Macbeth, symbole du mal enfin mis à mort. Un ordre nouveau, fondé sur des valeurs morales neuves, peut enfin s'installer, proclamé par le roi Malcolm.

• *À quoi faut-il nous attendre ?*

La portée tragique de cette pièce est-elle atténuée par l'émergence et le triomphe inéluctable des forces du bien ?

Les personnages

• *Ce que nous savons*

Macbeth : *tantôt brutal et colérique, tantôt angoissé et résigné à son destin, il perd le contrôle de lui-même et de la situation politique et militaire. Sa femme et lui vivent maintenant chacun dans leur sphère. À la nouvelle du suicide de son épouse, il demeure insensible, et ne répond que par une formule fataliste. Confronté à l'inévitable, face* *à la mort que lui avaient prédite les sorcières, il parvient à vaincre sa peur. Il choisit la mort plutôt que la soumission aux forces du bien.*

***Lady Macbeth** : elle, si courageuse, si effrontée qu'elle donnait des leçons d'impudence à son mari, n'est plus que le fantôme d'elle-même. Oublier ses mains tachées de sang, les meurtres de Duncan et de Lady Macduff, voilà ce qu'elle ne peut plus faire, ce qui lui ôte totalement le sommeil. Elle se suicide par désespoir.*

***Malcolm** : habité par la Grâce de Dieu, le porte-parole de l'ordre moral est l'incarnation de l'exact contraire de Macbeth : calme, maître de lui-même, il poursuit son objectif politique. Pour cela, il lui faut d'abord le succès militaire ; c'est lui qui a l'idée d'utiliser les branches des arbres comme tenue de camouflage, permettant de serrer Macbeth au plus près. Il se révèle un organisateur politique avisé à la fin de la pièce, quand il annonce son intention de rappeler les exilés, et structure le nouveau pouvoir.*

***Macduff** : il est investi d'une mission : débarrasser l'Écosse d'un tyran, qui est le meurtrier de sa femme et de ses fils. Il représente le bras de Dieu qui frappe les forces du mal.*

• *Pour aller plus loin*

Est-il possible de donner la même force dramatique aux héros positifs qu'aux héros négatifs ?

L'écriture

• *Ce que nous savons*

Le camp de Macbeth est le domaine de l'incohérence, où domine une atmosphère fin de règne, traduite par une écriture morcelée, haletante. Alternent les cauchemars, les cris, l'évocation d'une nature malade, les injonctions désordonnées, les fureurs. Les forces du bien, emmenées par Malcolm, sont orchestrées par une écriture dramatique serrée, où les champs lexicaux ne se télescopent pas : la maîtrise stratégique, politique, morale transparaît.

• *Pour aller plus loin*

La dialectique entre ces deux langages dramatiques est-elle d'essence tragique ?

Scène de Macbeth, dans l'adaptation cinématographique de Roman Polanski (1971).

DATES	ÉVÉNEMENTS HISTORIQUES	ÉVÉNEMENTS CULTURELS
1564	Mort de Calvin.	Rabelais, livre V de *Pantagruel.*
1582	Peste de Londres.	
1583		Jeux de la Passion de Lucerne.
1585	Sixte V pape. Élisabeth Ire refuse la souveraineté aux Pays-Bas.	
1587	Marie Stuart est exécutée. Le pape lance la croisade contre l'Angleterre.	L'Église espagnole condamne l'immoralité du théâtre. Holinshed, *Chroniques.*
1591		
1592	Clément VIII pape.	Peste de Londres : les théâtres sont fermés pendant deux ans.
1593	Henri IV se convertit.	
1594	Entrée d'Henri IV à Paris.	Le premier opéra, *Daphné,* de Jacopo Peri, est donné à Florence.
1595	Sir Walter Raleigh explore la région des Guyanes.	Montaigne, *Essais,* édition finale.
1596		
1597	La deuxième Armada de Philippe II défaite par le mauvais temps.	
1598	Mort de Philippe II. Édit de Nantes.	Toutes les troupes des théâtres londoniens sont supprimées sauf celles de *Admiral's Men* et *Chamberlain's Men.*
1599		Valleran le Conte joue devant la Cour de France et, par la suite, à l'Hôtel de Bourgogne.
1600	Giordano Bruno est brûlé à Rome.	*Eurydice,* de Rinuccini et Peri, est donnée au Palazzo Pitti pour le mariage de Marie de Médicis et Henri IV.
1601		
1602		La tragédie de Pieter Cornelisz Hooft, *Thésée et Ariane,* est jouée au Riderijkekammer.
1603	Mort d'Élisabeth Ire. Jacques Ier accède au trône.	
1604	Paix entre l'Angleterre et l'Espagne.	
1605	Conspiration des Poudres fomentée par les catholiques pour détruire le gouvernement protestant de Jacques Ier.	Premier théâtre permanent construit en Allemagne. Cervantès, *Don Quichotte.*
1606		Naissance de Corneille.
1607		Buffequin expérimente les décors en perspective à l'Hôtel de Bourgogne.
1608	Champlain fonde Québec.	Naissance de Tiberio Fiorelli, le célèbre Scaramouche.
1609	Galilée invente la lunette astronomique.	Lope de Vega, *Nouvel art de faire des comédies.*
1610	Assassinat d'Henri IV.	
1611		
1613		Incendie du théâtre du Globe.
1616	Procès de Galilée. Condamnation des théories de Copernic.	A. d'Aubigné, *Les Tragiques.* Mort de Cervantès.
1623		

VIE ET ŒUVRE DE SHAKESPEARE	DATES
Naissance de Shakespeare à Stratford.	1564
Shakespeare épouse Anne Hathaway.	1582
Naissance de sa fille, Susanna.	1583
Naissance des jumeaux, Hamnet et Judith. Année probable du départ de Stratford.	1585
Shakespeare s'installe à Londres.	1587
Henri VI, 2e et 3e parties.	1591
La Comédie des erreurs, Henri VI, 1re partie.	1592
Richard III, Deux Gentilshommes de Vérone, Vénus et Adonis.	1593
La Mégère apprivoisée, Le Viol de Lucrèce, Titus Andronicus. Shakespeare joue à la cour dans la troupe des hommes du Lord Chambellan *(Lord Chamberlain's Men).*	1594
Peines d'amour perdues, Le Songe d'une nuit d'été, Richard II, Roméo et Juliette.	1595
Mort de son fils Hamnet. *Le Roi Jean, Le Marchand de Venise.*	1596
Henri IV, 1re et 2e parties.	1597
Beaucoup de bruit pour rien.	1598
Construction du théâtre du Globe. Shakespeare en est en partie propriétaire. *Comme il vous plaira, Henri V, Jules César.*	1599
Les Joyeuses Commères de Windsor, La Nuit des rois.	1600
Hamlet.	1601
Tout est bien qui finit bien, Troïlus et Cressida.	1602
	1603
Mesure pour mesure, Othello.	1604
Le Roi Lear.	1605
Macbeth.	1606
	1607
Coriolan, Périclès. Shakespeare est en partie propriétaire du théâtre des *Blackfriars.*	1608
Cymbeline.	1609
Le Conte d'hiver. Shakespeare se retire à Stratford.	1610
La Tempête.	1611
Henri VIII, Les Deux Nobles Cousins (peut-être écrit en collaboration avec Fletcher).	1613
Mort de Shakespeare.	1616
Publication du premier volume des œuvres complètes de Shakespeare.	1623

L'ORGANISATION DES COMPAGNIES THÉÂTRALES

Au moment où il écrit *Macbeth,* Shakespeare est le principal auteur (*dramaturge,* en anglais) des *King's Men* – les comédiens du Roi.

La collaboration entre l'auteur et sa compagnie

•

Un dramaturge qui travaillait en rapport étroit avec une compagnie – comme c'était souvent le cas – était parfaitement au courant des ressources dont elle disposait, et il écrivait ses pièces en conséquence. Aujourd'hui, il n'est pas rare de rencontrer des auteurs de pièces de théâtre qui écrivent en se tenant à l'écart des activités quotidiennes du théâtre et, une fois la pièce commandée, il arrive que l'auteur intervienne un minimum, même pas du tout, dans les répétitions et la production de la pièce.

Une faible division du travail

•

Du temps de Shakespeare, il y avait plus de chances que les dramaturges soient impliqués à tous les niveaux de la production, et même qu'ils aient un rôle à interpréter dans leurs propres pièces. Contrairement à la tendance actuelle dans nos théâtres plus spacieux, jadis la division du travail n'était pas aussi nette : les compagnies sous Élisabeth et Jacques Ier auraient trouvé étrange d'attribuer des tâches distinctes et spécialisées telles que la production de la pièce, son interprétation, la construction et l'entretien des décors ou la gestion. Pendant la plus grande partie de sa carrière, Shakespeare fut à la fois dramaturge, acteur et conseiller financier pour une même compagnie. Il faut rejeter l'idée qu'il ait été apprécié uniquement comme auteur et qu'il ait pu ne pas participer à la production de ses pièces. Manifestement, pour réussir, une compagnie devait rassembler des personnes aux talents variés et d'une grande faculté d'adaptation. Certains avaient des aptitudes particulières, et ils étaient tout indiqués pour un rôle donné, quand il s'agissait d'interpréter la pièce. Néanmoins, en général, tous se concertaient et les dramaturges avaient foi en leur compagnie, plus précisément en son aptitude à monter une nouvelle pièce avec rapidité et compétence. La mise en scène à proprement parler n'existait pas pour la simple raison qu'elle était superflue. L'on attendait des acteurs qu'ils sachent ce que l'on exigeait habituellement d'eux et les dramaturges comptaient puiser aux ressources que leur offraient la variété des talents et le travail sous forme d'atelier.

Une forte hiérarchie

•

On peut constater qu'il existait une hiérarchie au sein des compagnies, avec au sommet les commanditaires qui indifféremment jouaient un rôle ou non, et en bas de l'échelle les larbins et apprentis. Le cas de la compagnie de Shakespeare, qui resta unie si longtemps et continua à jouer bien après sa mort, démontre que cette hiérarchie engendrait une grande stabilité, même si une minorité réalisait un profit aux dépens de la majorité. Mais sans une répartition du travail aussi rigoureuse, on a le droit de se demander si Shakespeare aurait pu écrire en moyenne deux pièces par an comme il l'a fait régulièrement.

Les acteurs

•

Les acteurs n'étaient que de passage, les actions changeaient de mains, des conflits et disputes avaient lieu ; néanmoins, *The King's Men* connurent une continuité et une uniformité assez remarquables pour l'époque.
Pour ce qui est de Shakespeare, on sait fort peu de choses sur sa carrière d'acteur, ni même s'il était apprécié davantage pour ses talents d'auteur ou ceux d'acteur, quand il devint actionnaire de la compagnie en 1594. La tradition veut qu'il ait joué le rôle d'Adam dans *As you Like It (Comme il vous plaira)*, et le fantôme du père d'Hamlet.
Quant aux autres acteurs, malheureusement, leurs talents d'interprètes nous sont inconnus. Heminges et Condell se sont taillé une solide réputation de compilateurs des pièces de Shakespeare qu'ils éditèrent dans la première édition folio de 1623.

LE STATUT DES AUTEURS

Les conditions matérielles de vie des auteurs

•

Le fait que Shakespeare n'ait pas entrepris cette tâche lui-même suggère qu'il ne cherchait pas spécialement à ce que les générations futures interprètent ses pièces et révèle aussi que leur édition n'était pas pour lui une source primordiale de revenus. L'argent qu'il gagnait provenait de ses actions dans la compagnie, ce qui était pratique courante chez les dramaturges qui avaient des contrats avec une seule compagnie – c'était le cas pour huit auteurs sur environ vingt-cinq à l'époque. D'autres auteurs comme Ben Jonson, qui s'évertuait à faire éditer ses pièces, travaillaient à leur compte ; mais il semblerait que ce fût, financièrement parlant, une situation précaire, et un bon acteur pouvait espérer gagner plus d'argent qu'un auteur établi à son compte. On ne connaît pas les clauses précises du contrat d'auteur qui liait Shakespeare, mais un contrat assez typique, et qui fut conclu en 1635 entre Richard Brome et *Queen Henrietta's Men* (les Hommes de la Reine Henriette), nous éclaire en partie sur ce qu'on attendait d'un dramaturge. Moyennant un salaire hebdomadaire et les recettes d'une journée, Brome devait écrire exclusivement pour cette compagnie, produire trois pièces par an, ce qui était plutôt ambitieux – et d'ailleurs il n'y parvint pas. Il devait aussi écrire autant de prologues, d'épilogues, d'introductions et de préfaces que nécessaire, et rajouter de nouvelles scènes à d'anciennes pièces afin de les remettre en vogue. De plus, il était obligé d'accepter que ses pièces soient la propriété exclusive de la compagnie pour laquelle il écrivait et, en conséquence, il ne pouvait pas en disposer à son gré pour les éditer lui-même. Le fait que *The King's Men* étaient en possession des pièces de Shakespeare écrites avant 1594, avant qu'il ne devienne membre de ladite compagnie, suggère que, au début de sa carrière, Shakespeare n'était pas véritablement lié à une quelconque compagnie.

La publication des œuvres théâtrales

•

La publication des pièces était en général peu prisée car cela encourageait les acteurs rivaux à les voler ou à en produire des versions pirates. Cette dernière tendance se poursuivit pourtant, que les « pirates » aient ou non le texte sous les yeux. Ainsi, il semblerait que plusieurs pièces de Shakespeare, notamment la deuxième et la troisième partie de *Henri VI* ainsi que *Henri V*, aient été reproduites de mémoire et avec des erreurs.

La collaboration entre auteurs

•

La composition d'une pièce en collaboration était, semble-t-il, pratique assez courante, avec parfois quatre ou cinq auteurs travaillant ensemble sur une même pièce. Cela permettait de créer des pièces rapidement, en réponse à la demande qui réclamait sans cesse des nouveautés. Certains auteurs étaient tellement prolifiques qu'ils font, des trente-sept pièces de Shakespeare, écrites sur vingt-quatre années, une performance modeste en comparaison de leur énorme production. Thomas Heywood, qui écrivait pour le public bruyant du *Red Bull* (Le Taureau Rouge), prétendait avoir « écrit de sa main, ou du moins avoir apporté sa touche personnelle » à deux cent vingt pièces, et Philip Massinger écrivit seul ou en collaboration cinquante-trois pièces réparties sur une période de trente ans. La plupart des pièces écrites alors sont aujourd'hui ou perdues ou introuvables dans des éditions modernes d'accès facile. Par conséquent, la lecture ou la représentation des pièces de Shakespeare et de ses contemporains risque de donner une impression plutôt incomplète du choix des spectacles qu'offrait le théâtre. Rétrospectivement, on a tendance à voir en Shakespeare la figure de proue de la dramaturgie de l'époque, mais cette image de lui ne devait pas être celle qu'en avaient ses contemporains.

La chambre où serait né Shakespeare à Stratford-upon-Avon.

INTERACTIONS ENTRE LES PERSONNAGES, DIFFÉRENCES ENTRE LES ÉVÉNEMENTS REPRÉSENTÉS SUR SCÈNE ET CEUX RAPPORTÉS

Absence d'unité de temps, de lieu et d'action

L'action de la pièce se déroule en plusieurs endroits : un camp militaire, une lande, le château de Macbeth, le château de Macduff, etc. Shakespeare ne se sentait pas concerné par la théorie classique de l'unité de temps, de lieu et d'action lorsqu'il écrivait des tragédies. De même, il ne composait pas de pièces en cinq actes. Ses pièces ont été divisées en cinq actes uniquement pour des raisons rédactionnelles. L'action se déplace rapidement d'un événement et d'un lieu à un autre sans interruption pour des changements de décors. Comme sur une scène moderne, ce qu'il est nécessaire de savoir sur le lieu est généralement indiqué par les personnages sur scène plutôt que représenté par les décors. Ce qui ne veut pas dire qu'on n'utilisait pas de décors, mais on insistait surtout sur une action rapide et continue.

Schéma de l'action

Le schéma ci-contre illustre les principales actions qui apparaissent sur scène et celles qui sont rapportées car elles se sont déroulées hors scène. À l'inverse de la tragédie classique française, la tragédie shakespearienne nous offre de nombreux exemples de meurtres et d'actes de violence sanglants sur scène.

SUR SCÈNE	RAPPORTÉ
Trois sorcières ont l'intention de rencontrer Macbeth.	
	Macbeth triomphe au combat en défendant l'Écosse.
Macbeth et Banquo rencontrent les sorcières et entendent leurs prophéties.	
	Le thane de Cawdor est exécuté.
Lady Macbeth et Macbeth intriguent pour assassiner le roi (Duncan). Macbeth voit apparaître devant lui des poignards.	
	Macbeth assassine Duncan et ses chambellans. Macbeth est couronné roi à Scone.
Macbeth intrigue pour assassiner Banquo. Banquo est assassiné par les sbires de Macbeth. Fléance s'échappe. Macbeth voit le fantôme de Banquo à un banquet.	
	On apprend que des armées anglo-écossaises se rassemblent en Angleterre pour renverser Macbeth.
Macbeth rend de nouveau visite aux sorcières, voit trois apparitions et assiste à la procession de huit rois. Le fils de Lady Macduff est assassiné par les sbires de Macbeth.	
	Lady Macduff et ses autres enfants sont assassinés.
La loyauté de Macduff est mise à l'épreuve par Malcolm. Macduff apprend le meurtre de sa femme et de ses enfants. Lady Macbeth marche dans son sommeil, tourmentée par ses crimes. Les armées anglaise et écossaise se réunissent à la forêt de Birnam.	
	On apprend la mort de Lady Macbeth (elle se suicide).
Macbeth combat et tue le jeune Siward. Macduff combat et tue Macbeth. Le fils de Duncan, Malcolm, est proclamé nouveau roi d'Écosse.	

LES SOURCES LITTÉRAIRES

La Chronique d'Écosse de Holinshed

•

La source principale où Shakespeare a puisé pour composer *Macbeth* est la *Chronique d'Écosse* de Ralph Holinshed (1570-1587), qui rapporte des faits historiques du XIe siècle. Cette chronique s'inspire des *Scotorum historiae* d'Hector Boèce (1527), elles-mêmes dérivées de la *Chronica gentis Scotorum* du chanoine Fordun (Aberdeen, XIVe siècle).

D'un sombre épisode de l'histoire écossaise, Shakespeare tire un songe tragique. Mais il fait en même temps œuvre politique : sa troupe, les *King's Men,* perçoit des appointements du roi Jacques Ier. Et la légende veut que celui-ci descende de Banquo, héros assassiné par Macbeth, mais fondateur d'une dynastie légitime. À Holinshed, Shakespeare emprunte le caractère de Macbeth, cousin du roi Duncan :

> *Il est vaillant mais assez cruel. Duncan, lui, est un prince trop débonnaire.*

La rébellion de Macdonald, domptée par Macbeth et Banquo, la prédiction des sorcières se trouvent aussi dans la *Chronique d'Écosse.* Les deux thanes croient avoir rêvé :

> *Mais, ensuite, l'opinion commune fut que ces femmes étaient les sœurs fatidiques, ou, comme qui dirait, les déesses du Destin, soit des nymphes ou fées possédant par science nécromantique le don de prophétie, parce que tout ce qu'elles avaient dit advint... Car, peu après, le thane de Cawdor étant condamné pour trahison, Macbeth hérite de ce titre. Ce même soir, à souper, Banquo plaisante avec lui : « il ne te reste plus qu'à acquérir l'autre promesse. » Sur quoi, Macbeth se prit incontinent à songer comme il pourrait parvenir à la royauté, mais pourtant il décida d'attendre le temps, qui l'y élèverait.*

Holinshed rapporte encore les hésitations de Macbeth, les conseils perfides de sa femme, le régicide :

> *Il commence à consulter comment il usurpera la royauté par la force. À quoi le poussa vivement sa femme, comme celle qui était très ambitieuse, brûlant du désir inextinguible de porter le nom de reine. [...]*
> *Enfin donc, faisant part de son dessein à ses fidèles amis, entre lesquels Banquo était le principal, confiant en leur aide promise, il tue le roi à Inverness.*

Notons que Shakespeare, dans sa tragédie, se garde bien de faire de Banquo, ascendant du roi régnant, le complice de Macbeth ! L'assassinat de Duncan, la mise en scène lugubre au château de Macbeth, les prodiges qui suivent la mort du souverain sont empruntés à une autre partie de la chronique, antérieure à celle de Macbeth : le meurtre du roi Duff par un certain Donwald.

> *[Celui-ci] quoique, en son cœur, il abhorrât grandement cet acte [l'accomplit], toutefois à l'instigation de sa femme. [Il tue les chambellans, comme coupables du crime mais] ses exagérations mêmes le rendent suspect à certains seigneurs, qui, trop prudents toutefois pour laisser rien paraître de leurs soupçons, là où ils se sentent au pouvoir du maître du logis, se dispersent et rentrent chacun chez soi.*

On trouve encore chez Holinshed la relation du guet-apens où tombe Banquo, et dont réchappe son fils Fléance, l'évocation du goût grandissant pour le meurtre, qui envahit Macbeth, les nouvelles prédictions des sorcières, l'assassinat de la femme et des enfants de Macduff.

> *A la fin il trouva tant de douceur à mettre à mort ses nobles, que son ardente soif de sang ne se pouvait assouvir. Pour plus de sûreté, il se bâtit un château sur un mont élevé, nommé Dunsinane. [...]*
> *Il ne put désormais sentir cedit Macduff, soit qu'il jugeât sa puissance trop grande, soit parce qu'il avait été mis en garde contre lui par certaines sorcières. Et assurément alors eût-il mis à mort Macduff, n'était qu'une autre sorcière lui avait dit qu'il ne serait jamais tué d'homme né de femme, ni vaincu, que le bois de Birnam ne vînt à Dunsinane. [...]*
> *Macduff, craignant pour sa vie, résolut de passer en Angleterre, pour décider Malcolm à faire valoir ses droits à la couronne d'Écosse, mais Macbeth, qui en a vent, se présente au château de Macduff, et y fait cruellement massacrer sa femme, ses enfants et tout ce qui s'y trouve de ses gens.*

La fin de la tragédie de Shakespeare s'inspire, elle aussi, directement de Holinshed.

> *Malcolm, arrivé de nuit au bois de Birnam, ordonne que chaque homme prenne une branche... aussi grosse qu'il pourra porter, pour s'approcher sans être aperçu.*

À cette vue Macbeth se souvient de la prophétie. Toutefois il exhorte ses gens à bien faire. Quoi qu'il en soit, devant le nombre, il prend la fuite. Macduff le poursuit. Se voyant serré de près, Macbeth saute à bas de son cheval, disant :

> *Traître, à quoi bon me suivre, moi qui ne suis pas destiné à mourir de la main de qui est né d'une femme ? – [Je suis celui-là même dont t'ont parlé les sorcières, répond Macduff] car ma mère ne m'a pas mis au monde, mais on lui décousit le ventre pour m'en arracher. Sur quoi il marcha sur lui et l'étendit sur la place. Puis lui tranchant la tête de dessus les épaules, il la ficha au bout d'une perche et l'apporta à Malcolm. [...]*
> *Telle fut la fin de Macbeth, après qu'il eut régné dix-sept années sur les Écossais. Il fut tué en l'an de l'Incarnation 1057. Malcolm... fut couronné à Scone. [...]*
> *Aussitôt il convoqua un Parlement à Forfair, où il récompensa de terres et d'offices ceux qui l'avaient aidé contre Macbeth... Beaucoup de ceux qui auparavant étaient thanes furent alors faits comtes... Ce furent les premiers comtes dont on eût ouï parler parmi les Écossais.*

Chronique d'Écosse de Holinshed citée dans *La Tragédie de Macbeth*,
Traduction J. Derocquigny, Les Belles Lettres, 1936.

Autres sources

•

Outre ses emprunts à la *Chronique d'Écosse*, il faut mentionner, pour les scènes de sorcellerie, deux autres sources dont on trouve trace dans *Macbeth* : la *Daemonology* (1597) du roi Jacques Ier, et la *Discoverie of Witchcraft (La Sorcellerie dévoilée, 1586)* de Reginald Scot.

LE TRAITEMENT DES SOURCES

Nouveauté des thèmes

•

Pourquoi la chronique d'Holinshed retient-elle à ce point l'attention de Shakespeare ?

> *[Parce qu'il y découvre] le ton et l'atmosphère des légendes celtiques et primitives de violences suivies d'opiniâtres remords. Il reconnut dans ces turbulents rois et thanes écossais un type de criminels tout à fait distinct des rudes et ambitieux seigneurs normands sans scrupules comme sans remords qu'il avait évoqués dans ses premières pièces historiques, ainsi que du subtil Italien sans âme, artiste en crime, qu'il avait peint en Iago. Histoire après histoire lui parlaient d'hommes entraînés par des impulsions irrésistibles à commettre des actes de trahison sanglants, mais hantés ensuite par les spectres de la conscience et de la superstition.*

H. Grierson, J. C. Smith, *Macbeth*, 1914, cité par P. Leyris,
in *Macbeth*, Aubier-Montaigne.

Originalité dramaturgique

•

Mais l'Histoire ou les histoires dont s'inspire Shakespeare sont métamorphosées par son génie dramatique ; il en fait la substance d'un théâtre profondément original, à coloration nationale, à résonance universelle, que la critique anglaise salue comme tel :

> *Je considère* Macbeth, *avant tout, comme le plus grand trésor de notre littérature théâtrale. Face à la sculpture grecque, ou à la peinture italienne, nous pouvons passer pour des Bretons*[1]*, et nous prenons humblement conscience que l'art créé chez nous n'a jamais atteint une telle perfection ; mais, sur le plan du drame, on peut confronter Eschyle lui-même à Shakespeare ; et de toute la production moderne, seul notre théâtre souffre la comparaison avec le théâtre grec. Originale, exempte de tout emprunt, sublime est la superstition qui s'y déploie. Il faut remonter à la scène attique, à* Prométhée, *pour trouver le pendant de la grandeur tragique de Macbeth.*

Thomas Campbell.

1. *Note du traducteur* : « Bretons » est utilisé ici au sens de « Béotiens ».

SHAKESPEARE ET SON TEMPS

La préface du premier recueil des pièces de Shakespeare, écrite par son contemporain Ben Jonson en 1623, se termine par ces mots : « *il appartenait à l'éternité plutôt qu'à une époque précise* ».
Il est avéré que Shakespeare était célèbre bien avant sa mort, mais peu de témoignages écrits de son temps nous sont parvenus.
Une revue étudiante de fin d'année, *Le Retour du Parnasse,* jouée en 1601 au Saint John's College de Cambridge, met en scène deux acteurs de la troupe du Lord Chambellan, à laquelle appartenait Shakespeare :

> KEMPE. *Il est peu d'universitaires qui sachent écrire de bonnes pièces. Ils ont trop de relents d'Ovide* [...]. *Tenez, notre camarade Shakespeare les écrase tous, oui, y compris Ben Jonson* [...]
> BURBAGE. *De vrai, c'est un type qui s'y entend...*

L'un des seuls documents d'époque relatif à Macbeth provient d'un manuscrit intitulé : *A Book of Plays.* Un spectateur, le Docteur Simon Forman, qui avait vu représenter *Macbeth, Le Conte d'hiver* et *Cymbeline* en 1611, consigne ses impressions ; ce qui le frappe surtout, ce sont les épisodes fantastiques : prédictions des sorcières, apparition du spectre de Banquo, somnambulisme de Lady Macbeth. C'est précisément le caractère sensationnel, héroïque, violent de *Macbeth,* et de tout le théâtre élisabéthain qui provoquera la colère des puritains. Au nom de la morale, ils font fermer les théâtres, symboles de péché et de tentation, en 1642.

LE GOÛT CLASSIQUE ET SHAKESPEARE

« *Ce qu'on ne doit point voir, qu'un récit nous l'expose* », disent les règles canoniques du classicisme français. Les cadavres qui jonchent l'action de *Macbeth* sont autant d'obstacles à la représentation de cette pièce devant le public français du XVIIe et du début du XVIIIe siècle. Mais les œuvres de Shakespeare font partie de la bibliothèque de Louis XIV et du surintendant Fouquet. Nicolas Clément, bibliothécaire du roi, juge Shakespeare en ces termes :

> *Le poète anglais a l'imagination assez belle, il pense naturellement, il s'exprime avec finesse, mais ses belles qualités sont obscurcies par les ordures qu'il mêle à ses comédies.*

Bien que le dramaturge anglais n'eût pas « *la moindre étincelle de bon goût, ni la moindre connaissance des règles* », dit Voltaire, sa création mérite le respect.

> *Vous avez presque fait accroire à votre nation que je méprise Shakespeare. Je suis le premier qui ai fait connaître Shakespeare aux Français... C'est une*

belle nature, mais bien sauvage ; nulle régularité, nulle bienséance, nul art, de la bassesse avec de la grandeur, de la bouffonnerie avec du terrible ; c'est le chaos de la tragédie dans lequel il y a cent traits de lumière.

Lettre à Horace Walpole, 1768.

Mais devant l'engouement très vif de l'ère préromantique pour Shakespeare, le vieux Voltaire se récrie :

Ce qu'il y a d'affreux, c'est que le monstre a un parti en France ; et pour comble de calamité et d'horreur, c'est moi qui autrefois parlai le premier de ce Shakespeare ; c'est moi qui le premier montrai aux Français quelques perles que j'avais trouvées dans son énorme fumier. Je ne m'attendais pas que je servirais un jour à fouler aux pieds les couronnes de Racine et de Corneille pour en orner le front d'un histrion barbare.

Lettre au Comte d'Argental, 1776.

MACBETH ET LE ROMANTISME EUROPÉEN

L'accusation de barbarie cède peu à peu le pas à l'admiration qu'ont les romantiques pour « *la couleur générale des poésies du Nord* ». Shakespeare, profondément tragique et novateur, est salué par Madame de Staël :

Les deux situations les plus profondément tragiques que l'homme puisse concevoir, Shakespeare les a peintes le premier ; c'est la folie causée par le malheur et l'isolement dans l'infortune.

De la littérature, 1800.

Chateaubriand le tient pour l'un de « *ces génies-mères, [qui] semblent avoir enfanté et allaité tous les autres* ». (*Essai sur la littérature anglaise*, 1836).
Depuis la fin du XVIIIe siècle, sous l'impulsion de Lessing, l'influence de Shakespeare était profonde en Allemagne. Elle s'est développée au plan dramatique (les deux *Faust* de Goethe) et au plan linguistique : certaines expressions shakespeariennes sont passées dans la langue allemande, à la suite de la remarquable traduction de Schlegel.
Les romantiques communient à la terreur tragique de *Macbeth*, mais la verve du poète est toujours aussi provocatrice :

Dans Macbeth, *il y a appel immédiat à l'imagination et aux émotions qui s'y rattachent. Aussi, d'un bout à l'autre, le mouvement y est-il le plus rapide de toutes les pièces de Shakespeare. De même, exception faite du dégoûtant passage du portier (II, 3), que j'ose garantir être une interpolation des acteurs, il n'y a pas, pour autant qu'il m'en souvienne, un seul calembour ou jeu de mots dans tout le drame. De même encore, il y a une absence complète de comédie, voire d'ironie ou de réflexion philosophique, la pièce étant entièrement et purement tragique.*

Coleridge, *Essays and Lectures on Shakespeare*, 1818, cité dans P. Messiaen, *Les Tragédies de W. Shakespeare*, Desclée de Brouwer, 1940.

PEUT-ON JOUER MACBETH ?

Au XIXe siècle, naît la tentation de lire *Macbeth*, plutôt que de le porter à la scène :

> *Par l'un de ses aspects, la tragédie de* Macbeth *m'évoque la poésie d'Eschyle. Certaines scènes, certains concepts sont bien trop hardis pour être représentés scéniquement. Comment la représentation peut-elle rendre l'idée dramatique d'Eschyle, quand le Titan Prométhée en appelle aux éléments ? Et quand le marteau qui rivète ses chaînes résonne jusqu'au désert des scythes ? Ou quand le fantôme de Clytemnestre fait irruption dans le temple d'Apollon et réveille les Furies endormies ? Ce que je veux, c'est imaginer ces scènes : je serais désolé qu'on essaie de les jouer. De la même manière, il y a des parties de* Macbeth *que j'aime lire, beaucoup plus que voir représenter ... Cela étant dit, je ne vois pas de contradiction entre ces remarques et mon assertion initiale : tout bien pesé,* Macbeth *est notre joyau dramatique.*

Thomas Campbell.

Comment jouer Shakespeare, s'interroge le metteur en scène anglais contemporain Peter Brook, « *sans perdre de vue la qualité shakespearienne essentielle : l'absence de style, le changement indéfini de clefs pour répondre à un besoin d'expression* » ?

> *Pour le public élisabéthain, le théâtre et les costumes familiers devenaient invisibles – ils étaient un simple écran nu. Pouvons-nous aujourd'hui jouer sur un simple écran nu ? Ceci, également, n'est pas tellement facile. Les costumes modernes, si souvent essayés, marquent très nettement leur époque – les personnages ne sont plus simplement Othello, Iago, etc., ils deviennent « Othello en smoking », « Iago avec un pistolet », etc. Nous mettons les acteurs en blouses ou en salopettes, et ceci devient à son tour une convention picturale.*
>
> *Puis nous nous heurtons au fait que dans chaque pièce se trouvent des éléments plus animés que d'autres : des dialogues, des échanges de propos humoristiques et des allusions politiques, qui sont devenues maintenant tellement obscures que le sens en est complètement caché, des situations et des personnages qui ont perdu avec le temps leur force et leur signification : par exemple, le spectre dans* Hamlet, *les sorcières dans* Macbeth, *qui misent sur une certaine croyance superstitieuse de l'auditoire, inconcevable aujourd'hui ; et pourtant tout ceci est important, et inséparable de la texture de la pièce dans son ensemble.*

Peter Brook, « Le point de vue du metteur en scène » in *Shakespeare*, collection « Génies et Réalités », Hachette.

LE CONTEXTE POLITIQUE

Le droit divin des rois

•

MACBETH. *Quoi ! Cette ligne se prolongera-t-elle jusqu'aux craquements de la fin du monde ?* (IV, 1)

Shakespeare a écrit *Macbeth* au début du règne de Jacques Ier, un roi écossais qui est arrivé sur le trône d'Angleterre en 1603. L'un des principaux thèmes de la pièce est la question de la légitimité de l'autorité monarchique. Jacques Ier, disait-on, descendait de Banquo ; il était donc flatteur pour Jacques que Shakespeare présente Banquo comme un valeureux personnage et Macbeth comme un vil usurpateur du trône. Les rois et les reines aiment dire qu'ils ont hérité du trône par droit divin et Jacques ne faisait pas exception ; cependant, la succession ne se faisait pas toujours directement d'un roi à un autre (par exemple, en raison de l'absence de descendant direct) et devenait de ce fait un problème politique complexe. Pendant les dernières années du règne d'Élisabeth Ire, la question de sa succession s'est posée de façon critique étant donné qu'elle ne s'est jamais mariée et n'a pas eu d'enfants.

Les complots catholiques

•

L'Angleterre était un pays protestant avec une minorité catholique qui ne cherchait pas vraiment à contester le fait que le roi ou la reine était à la tête de l'Église plutôt que le pape à Rome. Cependant, certains catholiques extrémistes ont comploté pour renverser la couronne. L'un de ces complots a eu pour résultat la mort de la mère de Jacques, Marie Stuart, dont la condamnation à mort fut signée avec beaucoup de répugnance par Élisabeth en 1587. Il y eut un autre complot catholique en 1605 connu sous le nom de « Conspiration des Poudres ». Le Parlement devait sauter au moment où le roi et les membres du Parlement étaient tous réunis dans le bâtiment. Heureusement pour Jacques Ier et les membres de son Parlement, le complot fut découvert à temps.
Shakespeare se réfère à cet événement dans la scène de *Macbeth* dite « du portier » (II, 3). Le portier plaisante au sujet d'un *« casuiste qui... n'a pas pu cependant équivoquer avec le ciel »* ; c'est une allusion aux jésuites et en particulier au Père Garnet qui était impliqué dans le procès qui suivit la Conspiration des Poudres et qui usa de faux-fuyants (il jura notamment en utilisant la restriction mentale que ce qu'il disait n'était pas vrai). L'idée et le thème que les choses sont

différentes de ce qu'elles semblent être (par exemple, les prophéties des sorcières) sont présents dans toute la pièce.

LA VIE QUOTIDIENNE

Londres

•

Bien qu'il soit écossais, Jacques Ier et sa cour résidaient à Londres. Lorsqu'il a accédé au trône en 1603, la population londonienne s'élevait à environ 200 000 habitants et Londres était le seul centre urbain dans tout le pays. On comptait par ailleurs une douzaine de villes de 10 000 habitants et le reste de la population vivait dans des villages. Seulement 1 200 habitants environ vivaient dans la ville natale de Shakespeare, Stratford. De nos jours, Londres serait considérée comme une très petite ville mais les gens de l'époque élisabéthaine n'étaient pas habitués au tourbillon qui règne dans les grandes villes. Les descriptions de la capitale insistent donc sur des impressions visuelles très fortes et sur une population très dense, comme le montre cet extrait écrit par Frédéric, duc de Wurtemberg, en 1592 :

> *Londres est une vaste ville commerciale très puissante et la plus importante dans tout le royaume; la plupart de ses habitants travaillent dans le commerce de marchandises qui se fait dans tous les coins du monde car la rivière est très pratique pour ce commerce vu que les navires de France, des Pays-Bas, de Suède, du Danemark, de Hambourg et d'autres royaumes peuvent venir presque jusqu'à la cité livrer des marchandises et en charger d'autres en échange.*
>
> *La population est nombreuse et il est difficile de marcher dans les rues en raison de la cohue qui y règne.*
>
> *Les habitants sont magnifiquement vêtus, très fiers et arrogants; et, parce que la plupart d'entre eux, en particulier les commerçants, se rendent rarement dans les autres pays car ils restent dans leur maison pour travailler, ils s'intéressent peu aux étrangers et les méprisent; de plus, personne n'ose s'opposer à eux sinon les garçons des rues et les apprentis se réunissent en foules immenses et frappent les gens de tous côtés sans aucune considération; comme ils sont les plus forts, on doit accepter les coups comme les insultes.*
>
> *Les femmes sont probablement plus libres que dans n'importe quel autre pays; elles savent aussi comment bien utiliser cette liberté car elles sortent, vêtues de façon très élégante, et apportent tout leur soin à leurs fraises et à leurs étoffes; on m'a même dit que certaines n'hésitent pas à porter du velours dans la rue, ce qui est habituel chez elles, alors qu'à la maison, elles n'ont même pas un morceau de pain rassis à manger. Toutes les femmes anglaises ont l'habitude de porter des chapeaux et des robes coupées à la mode allemande ancienne, car elles descendent en fait des Saxons.*

Visite de Frédéric, duc de Wurtemberg, 1592.

La mode

•

ANGUS. *Il sent maintenant sa grandeur s'affaisser autour de lui, comme une robe de géant sur la main qui l'a volée.* (V, 2)

Les commentaires sur la manière voyante de s'habiller à cette époque sont très nombreux. Porter des vêtements coûteux et voyants était une manière de montrer sa richesse et de souligner sa position dans la hiérarchie sociale. La mode changeait aussi rapidement à l'époque élisabéthaine qu'à la nôtre. Après tout, si la mode est le symbole de la richesse, il est important de ne pas être vu avec les mêmes vêtements d'une année sur l'autre :

Les différentes manières de s'habiller arrivent d'abord en ville et dans le pays depuis la cour ; une fois qu'une mode est arrivée jusqu'au peuple et jusqu'aux scènes de théâtre, les courtisans s'en défont à juste titre et adoptent une nouvelle mode (de façon bizarre cependant) ; et celui qui porte de vieux vêtements est regardé comme une image sur une tapisserie murale. Car, comme dit le proverbe, nous devons manger selon notre appétit mais nous devons suivre la mode de la foule avec laquelle nous vivons. Par ailleurs, on ne fait pas de reproches à ceux qui portaient autrefois ces vêtements, car ils étaient alors à la mode. De la même manière, de nombreuses danses à la cour, lorsqu'elles sont devenues populaires et qu'elles ont été exécutées par des acteurs, ont perdu tout intérêt pour les courtisans et les gentilhommes ; on ne peut cependant pas faire de reproches aux hommes qui les ont dansées autrefois.

Fynes Moryson, *Itinerary* (Itinéraire), 1617.

Parfois de riches mécènes prêtaient aux acteurs des vêtements de prix puisés dans leur garde-robe personnelle, mais les compagnies étaient prêtes à dépenser de fortes sommes pour leurs costumes. Il n'est pas rare de tomber sur des notes telles que celles de l'acteur Edward Alleyn qui avait inscrit le paiement de vingt livres et dix shillings pour « *un manteau de velours noir aux manches entièrement brodées d'or et d'argent* ».

Spectacles théâtraux

•

MACBETH. *Ils m'ont lié à un poteau ; je ne puis pas fuir, et il faut, comme l'ours, que je soutienne la lutte...* (V, 7)

Il serait faux d'imaginer, qu'à l'époque de Shakespeare, le théâtre n'était une distraction que pour les gens riches et bien habillés. Les salles londoniennes étaient construites pour attirer un large éventail de spectateurs, depuis le plus puissant qui avait un siège dans un balcon fermé, jusqu'aux paysans et aux apprentis, qui se tenaient debout à l'orchestre, juste devant la scène. Le théâtre pouvait également être le lieu de spectacles particulièrement barbares comme en témoigne cet extrait du journal d'un voyageur allemand :

> *En dehors de la ville, il y a des théâtres où des acteurs anglais jouent presque tous les jours des comédies et des tragédies devant un public nombreux ; ces pièces se terminent généralement par des danses variées sur une excellente musique et les applaudissements des spectateurs. Non loin de ces théâtres qui sont construits en bois, se trouve la barge royale, tout près de la Tamise. Elle se compose de deux superbes cabines magnifiquement ornées de vitraux, de peintures et de dorures ; elle se trouve sur la terre ferme et est abritée du mauvaix temps.*
> *Il existe un autre endroit avec la forme d'un théâtre qui sert au tourment d'ours et de taureaux. Ils sont attachés et harcelés par ces grands chiens anglais, des mastiffs, mais sans qu'ils risquent de se faire déchirer par les dents des premiers ou les cornes des seconds ; il arrive quelquefois qu'ils soient tués sur place. De nouveaux animaux sont immédiatement fournis pour remplacer ceux qui sont blessés ou fatigués. Ces distractions sont souvent suivies par une séance de fouet sur un ours aveuglé ; cinq ou six hommes se mettent en cercle et le frappent sans pitié. Bien qu'il ne puisse pas leur échapper car il est enchaîné, il se défend cependant en jetant vigoureusement à terre tous ceux qu'il peut atteindre et qui ne s'écartent pas assez vite, en leur arrachant leurs fouets et en les brisant. A ces spectacles, et partout ailleurs, les Anglais fument tout le temps de l'herbe de Nicot qui est appelée en Amérique « Tobaca » – d'autres la nomment « Paetum » – en la préparant ainsi : à cet effet, ils ont des pipes en argile au bout desquelles ils mettent l'herbe qui est si sèche qu'elle se transforme en poudre quand on la frotte, ils les allument et ils aspirent la fumée dans leur bouche et la soufflent par leurs narines en même temps que de la morve. Dans ces théâtres, on vend des fruits comme des pommes, des poires et des noix, selon la saison, ainsi que du vin et de la bière brune.*

Paul Hentzner, *Travels in England* (Voyages en Angleterre), 1598.

Habitudes alimentaires

•

La noblesse avait pour habitude de dépenser de très grosses sommes d'argent pour la nourriture et les festivités. Les exigences de la reine Élisabeth, lorsqu'elle rendait visite à la noblesse locale, étaient si extravagantes que certains nobles coururent presque à la banqueroute en raison des coûts d'approvisionnement. Il y a, bien sûr, deux fêtes dans *Macbeth*, l'une est donnée en dehors de la scène (I, 7) mais nous voyons des serviteurs qui portent des plats d'un côté à l'autre de la scène, et l'autre est la scène du banquet (III, 4) où Macbeth voit le fantôme de Banquo. Des textes de cette époque sur les habitudes alimentaires des Anglais nous indiquent ce à quoi ces banquets devaient ressembler.

Il n'y a rien d'étonnant à ce que nos tables soient mieux garnies que celles des autres pays, et cela a toujours été le cas chez nous, depuis le début...
C'est dans la variété des plats et en particulier des viandes que les nobles anglais dépassent toute mesure (leurs cuisiniers sont généralement des Français musiciens et des étrangers) car il n'y a pas de jour qui passe sans qu'ils ne mangent du bœuf, du mouton, du veau, de l'agneau, du chevreau, du porc, du lapin, du chapon, du cochon et tout ce que la saison permet, mais aussi, du cerf et du daim ainsi que de nombreux poissons et beaucoup de gibier accompagnés de nombreux plats très fins...
Le plat principal de leur repas quotidien leur est apporté (généralement dans de la vaisselle en argent s'ils sont barons, évêques et plus) et placé sur la table ; puis, lorsqu'ils ont pris ce qui leur plaisait, le reste est mis de côté et donné aux serviteurs qui s'en nourrissent avec modération, leurs restes sont également donnés aux pauvres qui attendent en grand nombre à la porte.

William Harrison, *Description of England* (Description de l'Angleterre), 1587.

CRAINTES ET CROYANCES

La sorcellerie

•

Double, double, peine et trouble !
Feu, brûle ; et chaudron, bouillonne ! (IV, 1)

Les sorcières, dans la version cinématographique de Macbeth, d'Orson Welles.

La fête est l'un des rituels qui marque un événement important ; on pensait qu'il existait un autre rituel beaucoup plus sinistre, qu'on retrouve sous forme dramatique dans *Macbeth*, à savoir les assemblées de sorcières avec des esprits maléfiques et avec Satan pendant les sabbats. Le pouvoir des esprits et des sorcières a donné lieu à bien des conjectures à la fin du XVIe et au début du XVIIe siècle. Le roi Jacques Ier lui-même a écrit un court ouvrage sur la démonologie. Les théologiens démontraient que la sorcellerie était une forme d'adoration du diable, comme William Perkins le dit ici : *« La base de toute pratique de sorcellerie est un pacte ou une alliance entre les sorcières et le diable, où ils se lient mutuellement les uns aux autres. »*

De tels arguments rencontraient un écho chez les protestants zélés qui croyaient que le peuple de Dieu était aux prises avec les forces de Satan dans une lutte sans merci. Le danger de pareilles doctrines théologiques était que de nombreuses coutumes populaires pouvaient être interprétées comme de la sorcellerie et des femmes, dont la conduite ne suivait pas les conventions du temps, risquaient d'être étiquetées comme sorcières. Les descriptions de cette époque sur la sorcellerie utilisent les techniques de nos journaux à sensation en associant outrage moral et détails douteux et plus que piquants :

> *Puis il (le Diable) leur apprend à fabriquer des onguents à partir des intestins et des membres d'enfants au moyen desquels elles peuvent voler dans les airs et accomplir tous leurs désirs. Ainsi, s'il y a des enfants qui ne sont pas baptisés ou qui ne sont pas protégés par le signe de croix ou par des prières, alors les sorcières peuvent les arracher à leurs mères la nuit, les prendre dans leurs berceaux et les tuer lors de leurs cérémonies ; alors, elles peuvent les voler après leur enterrement et les faire bouillir dans un chaudron jusqu'à ce que leur chair soit rendue mangeable. Avec la partie la plus épaisse, elles fabriquent des onguents qui leur permettent de chevaucher dans les airs ; quant à la partie liquide, elles la mettent dans des flacons ; si quelqu'un y boit en observant un certain rituel, il devient immédiatement un maître ou plutôt une maîtresse dans la pratique de la sorcellerie...*
> *Il serait bon de dévoiler ici comment faire un onguent... La recette est la suivante : gratter et mêler la partie grasse de jeunes enfants et la faire bouillir avec de l'eau dans un récipient de laiton en mettant à part la partie la plus épaisse qui se trouve au fond du récipient qu'on peut étaler et garder jusqu'à ce qu'on en ait besoin. On y ajoute de l'« eleoselinum », de l'« aconitum », des « frondes populeas » et de la suie. Voici une autre recette qui a les mêmes pouvoirs. Gratter et mêler le « sium », l'« acarum vulgare », le « pentaphyllon », le sang d'une chauve-souris, le « solanium somniferum » et l'« oleum ». Elles mêlent tout ensemble et s'en frottent largement le corps jusqu'à ce qu'il soit rouge, très chaud, que les pores de la peau soient ouverts et la chair toute flasque. Elles y ajoutent de la graisse ou de l'huile de manière à ce que la force de l'onguent soit plus active. Ainsi, dans la nuit éclairée par le clair de lune, elles semblent voler dans les airs pour aller s'amuser, chanter, danser, s'embrasser, s'étreindre et commettre bien d'autres actes de débauche avec les jeunes gens qu'elles aiment et désirent le plus : le pouvoir de leur imagination est si fort que la partie de leur cerveau où est située la mémoire est remplie de ces idées. Et elles croient donc à toutes ces choses ; les impressions qu'elles ressentent s'impriment si fermement dans leur esprit que leurs âmes en sont altérées ; et elles ne pensent à rien d'autre de jour comme de nuit. Et cela remplit leur imagination alors que leur nourriture habituelle ne consiste qu'en betteraves, en racines, en noix, en haricots, en pois, etc.*
>
> Reginald Scot, *The Discoverie of Witchcraft* (La Sorcellerie dévoilée), 1584.

La nuit

•

MACBETH. *Les bonnes créatures du jour commencent à s'assoupir et à dormir, tandis que les noirs agents de la nuit se dressent vers leur proie.* (III, 2)

À une époque où personne ne possédait la technologie moderne que nous connaissons tous, comme le gaz et l'électricité, il était naturel de craindre la nuit, période sombre et dangereuse où l'homme est le plus vulnérable face aux forces du mal. La description de Nicholas Brereton d'une journée à l'époque élisabéthaine se termine par cette évocation de minuit.

Maintenant que le soleil s'est retiré, les fenêtres du ciel sont closes, le silence et les ténèbres envahissent la terre toute entière et le temps du mal approche ; la vertu n'est jamais lasse de bien agir, pendant que les esprits vertueux travaillent au repos du corps ; mais les rêves et les visions hantent les esprits troublés alors que la nature attend impatiemment le matin ; le corps est maintenant allongé comme s'il était mort tandis que le sommeil si facile endort les sens de l'indolent ; maintenant les membres fatigués cessent de travailler et l'esprit se laisse aller ; maintenant le lit est à l'image de la tombe et la prière du fidèle le mène sur la route du Paradis ; maintenant les amants s'étreignent, heureux, et les esprits vertueux n'imaginent pas de choses méchantes ; les voleurs, les loups et les renards attaquent maintenant leur proie mais une bonne serrure et de l'intelligence vous évitera beaucoup de maux ; et celui qui a confiance en Dieu n'a pas à craindre du Diable. Adieu.

Nicholas Brereton, *Fantastickes,* 1626.

La mort

•

MACBETH. *La vie n'est qu'un fantôme errant, un pauvre comédien qui se pavane et s'agite durant son heure sur la scène et qu'ensuite on n'entend plus...* (V, 6)

Concluons en citant Sir Walter Ralegh qui nous offre une vision éloquente de la perception de la mort à l'époque élisabéthaine :

Seule la Mort peut permettre à l'homme de se connaître lui-même. Elle dit au fier et à l'insolent qu'ils ne sont que de pauvres hères et les humilie à cet instant ; elle les fait pleurer, se plaindre et se repentir au point même de haïr leur bonheur passé. Elle prend le riche et en fait un mendiant, un mendiant nu qui ne s'intéresse à rien si ce n'est aux cailloux qui lui remplissent la bouche. Elle tient un miroir devant les plus beaux et leur fait voir leur difformité et leur état de pourriture, et ils les reconnaissent. Ô Mort éloquente, juste et toute-puissante ! celui que personne ne pouvait conseiller, tu l'as persuadé, ce que personne n'a osé faire, tu l'as fait et celui qui a été encensé par le monde entier, tu l'en as exclu et tu l'as méprisé. Tu as mêlé la grandeur, la fierté, la cruauté et l'ambition de l'homme et les as réunies en ces deux simples mots, Hic jacet.

Sir Walter Ralegh, *The Historie of the World* (L'Histoire du monde), 1614.

De la femme de Job, qui pousse son mari à la révolte (*« vas-tu encore persévérer dans ton intégrité ? Maudis ton dieu ! »* – Bible, le livre de Job), à la Mère Ubu (*Ubu-Roi*, Alfred Jarry), la figure de l'épouse mauvaise conseillère traverse toute la littérature. Lady Macbeth est emblématique de ce type d'héroïne maudite.

ITINÉRAIRE PSYCHOLOGIQUE DE LADY MACBETH

Sa première apparition (I, 5) est placée sous le signe de la volonté de puissance : rien ne pourra lui crier *« Arrête, arrête »*, avant qu'elle ait assouvi ses implacables désirs.

À la fin de la pièce, nous apprenons, de manière allusive, qu'elle s'est suicidée. Pour *« débarrasser le sein gonflé des dangereuses humeurs qui pèsent sur le cœur »*, il n'y avait pas *« de doux antidote d'oubli »* (V, 3).

Comprendre le personnage de lady Macbeth, c'est parcourir cet itinéraire, de la femme de fer à la malheureuse suicidaire.

Le refus de la féminité

•

L'épouse de Macbeth connaît son mari, et sait qu'il est apte à discerner le bien du mal. Ce sens moral, elle l'attribue à un manque de virilité, capable de le faire échouer dans sa sanguinaire course aux honneurs : *« Je me défie de ta nature : elle est trop pleine du lait de la tendresse humaine pour que tu saisisses le plus court chemin. Tu voudrais la grandeur ; tu as de l'ambition, mais tu n'as pas la cruauté qui devrait l'accompagner »* (I, 5). Paradoxalement, c'est à elle, sa femme, d'*« insuffler le courage »* en son *« oreille »* (I, 5).

Mais quand lui est annoncée la venue du roi Duncan en son château, son ambition s'épanouit en des proportions proprement monstrueuses. Elle refuse son statut de femme : *« débarrassez-moi de mon sexe ! »*... *« Venez à mes seins de femme, prendre mon lait changé en fiel, vous, ministres du meurtre »*, et même son statut d'être humain : *« Qu'aucun retour compatissant de la nature n'ébranle ma volonté farouche et ne s'interpose entre elle et l'exécution [de Duncan] ! »* (I, 5).

Cette femme, qui en appelle aux forces infernales pour la désexuer, pour la déshumaniser, ignore combien elle est humaine, trop humaine...

Maria Casarès (Lady Macbeth) et Alain Cuny (Macbeth) dans Macbeth, mise en scène de Jean Vilar, 1954.

Volonté d'airain, et fêlure

•

« Laissez-moi la charge de la grande affaire de cette nuit » (I, 5), dit Lady Macbeth à son mari, dès qu'il rentre. Et c'est en des termes d'une suavité diabolique que, vassale courtoise, elle accueille son suzerain : *« Vos bienfaits passés et les dignités récentes que vous y avez ajoutées font de nous des ermites voués à prier pour vous »* (I, 6). La créature satanique reprend sa nature féminine sur le mode de la caricature pour stimuler son mari, hésitant à tuer Duncan, si plein *« de douceur »*, *« si pur dans ses hautes fonctions »*. (I, 7). Pour le convaincre, elle redevient une atroce femme et mère, humiliant en Macbeth le mâle et le père : *« je sais combien j'aime tendrement le petit qui me tète : eh bien ! au moment où il souriait à ma face, j'aurais arraché le bout de mon sein de ses gencives sans os, et je lui aurais fait jaillir la cervelle, si je l'avais juré comme vous avez juré ceci ! »* (I, 7).

Mais on ne peut, par autosuggestion, devenir de but en blanc une brute démoniaque : pourquoi Lady Macbeth *« entre-t-elle en tenant une coupe »*, nous dit l'indication scénique de l'acte II, scène 2, sinon pour fortifier sa résolution chancelante ?

La barbarie où elle a désiré se jeter avec jouissance n'a pu étouffer en elle toute nature, toute faiblesse humaines : elle aurait tué elle-même le roi *« s'il n'avait pas ressemblé, dans son sommeil, à [son] père »*, ce qui l'a fait renoncer (II, 2).

Elle va tâcher de garder la maîtrise sur les événements en rabrouant son mari (*« j'ai honte d'un cœur aussi blême »*, II, 2), en maquillant le crime qu'il a commis à son instigation (*« mettez votre robe de nuit, de peur qu'un accident ne nous appelle et ne montre que nous avons veillé »*), mais elle sait déjà que le remords et la folie la guettent : *« on ne doit pas penser à ces actions-là de cette façon ; ce serait à nous rendre fous »* (II, 2).

Qui aurait cru que le vieillard eût en lui tant de sang ?

•

Dès le début de l'acte III, nous comprenons que Lady Macbeth a perdu le contrôle de la situation : elle a voulu se forger une âme monstrueuse, mais la monstruosité de Macbeth, son vertige criminel, deviennent autonomes, lui échappent. Elle ne sait pas, à la première scène, que Macbeth a projeté d'assassiner Banquo, elle ne comprend pas, à la scène 4, ce qui le terrorise, puisqu'il est seul à voir le spectre. Elle prouve, une dernière fois, son habileté politique, en donnant congé à tous les convives : *« son mal s'aggrave ; toute question l'exaspère. Bonsoir en même temps à tous ! Ne vous souciez pas du protocole, mais partez tous à la fois»* (III, 4). Mais le sommeil, auquel son mari l'invite lors de leur ultime conversation (puisqu'ils n'apparaîtront plus jamais ensemble dans la pièce), ne lui permettra pas de se ressaisir. Absente de l'acte IV, elle réapparaît à l'acte V comme une femme brisée, torturée, folle d'angoisse et de remords : *«il y a toujours l'odeur du sang. Tous les parfums d'Arabie ne rendraient pas suave cette petite main!»* (V, 1).

L'échec de Lady Macbeth, dans son désir d'étouffer sa conscience, – elle qui mourra, précisément, étouffée par son sentiment de culpabilité – renvoie en définitive au thème shakespearien de l'apparence : elle donne l'impression que l'on peut, spontanément, s'abandonner corps et âme aux forces du mal. Son probable suicide prouve combien vaine est cette impression.

Maria Casarès (Lady Macbeth) dans Macbeth, mise en scène de Jean Vilar, 1954.

ITINÉRAIRE LITTÉRAIRE

Clytemnestre

•

Vingt siècles avant Shakespeare, l'*Orestie* d'Eschyle conte, en trois tragédies – *Agamemnon, Les Choéphores, Les Euménides* –, le destin sanglant de l'homme jouet d'obscures forces divines.
La reine Clytemnestre, épouse d'Agamemnon, dans la tragédie qui porte ce nom, ne vit que dans le désir d'égorger son mari : elle veut venger sa fille Iphigénie, qu'il a sacrifiée à son ambition politique, et se venger elle-même, épouse bafouée.
Elle est poussée au crime par son amant Égisthe.
Comme Lady Macbeth, elle possède puissamment le sens politique, et l'art de feindre en public ; voici comment elle proclame, au héraut lui annonçant qu'Agamemnon revient de guerre, combien elle a de joie à accueillir son époux :

> *Je ne veux plus songer qu'à recevoir du mieux qu'il m'est possible l'époux respecté qui rentre en sa demeure. Quel soleil luit plus doux à une femme que la joie d'ouvrir les portes toutes grandes au mari que les dieux ont sauvé de la guerre. A mon époux rapporte bien ceci : « Qu'il se hâte de répondre aux désirs de sa cité ! Qu'il vienne retrouver aussi dans sa maison, telle qu'il l'y laissa, une épouse fidèle, chienne de garde à lui dévouée, farouche à ses ennemis, toujours la même en tout et qui n'a point violé durant sa longue absence les dépôts confiés. Le plaisir adultère, même un simple bruit médisant, sont choses que j'ignore tout autant que l'art de teindre le bronze. » Si l'éloge paraît orgueilleux, il est trop plein de vérité pour choquer sur des lèvres de noble femme.*
>
> Elle rentre dans le palais.

Le meurtre accompli, Clytemnestre revendique – avec orgueil, avec joie – son forfait. Si Lady Macbeth songeait à se laver les mains du sang de Duncan, pour paraître innocente, la reine grecque compare le sang d'Agamemnon, par elle répandu, à la *« bonne rosée »*.

> CLYTEMNESTRE. *La nécessité tout à l'heure m'a dicté bien des mots : je ne rougirai pas de les démentir. Lorsque, sur ceux qu'on hait en semblant les aimer, on se prépare à assouvir sa haine, est-il d'autre moyen de dresser assez haut les panneaux du Malheur pour qu'ils défient tout bond qui voudrait les franchir ? Cette rencontre-là, longtemps j'y ai songé : elle est donc venue, la revanche – enfin ! et je demeure où j'ai frappé : cette fois, c'est fini ! – J'ai tout fait, je ne le nierai pas, pour qu'il ne pût ni fuir ni écarter la mort. C'est un réseau sans issue, un vrai filet à poissons que je tends autour de lui, une robe au faste perfide. Et je frappe – deux fois – et, sans un geste, en deux gémissements il laisse aller ses membres ; et, quand il est à bas, je lui donne encore un troisième coup, offrande votive au Zeus sauveur des morts qui*

règne sous la terre. Gisant, il crache alors son âme, et le sang qu'il rejette avec violence sous le fer qui l'a percé m'inonde de ses noires gouttes, aussi douces pour mon cœur que la bonne rosée de Zeus pour le germe au sein du bouton. – Voilà les faits, citoyens respectés dans Argos : qu'ils vous plaisent ou non, moi, je m'en fais gloire ! Si même il était admis qu'on versât des libations sur un cadavre, ce serait bien justice ici – plus que justice même : tant cet homme avait pris plaisir en ce palais à remplir d'exécrations le cratère qu'à son retour il a dû lui-même vider d'un seul trait !

LE CORYPHÉE. *J'admire le langage de ta bouche effrontée : se glorifier ainsi aux dépens d'un époux !*

CLYTEMNESTRE. *Vous me tâtez, vous me croyez une femme irréfléchie ! Et je vous dis, moi, d'un cœur qui ne tremble pas, vous le savez bien ; – de vous, louange ou blâme, c'est tout un pour moi. – Celui-ci est Agamemnon, mon époux ; ma main en a fait un cadavre, et l'ouvrage est de bonne ouvrière. Voilà.*

Eschyle, *Agamemnon*, 458 avant J.-C., Les Belles Lettres, 1925.

Agrippine

•

Le théâtre classique français ne permet pas que le sang soit répandu sur scène : le passé d'Agrippine, qui a fait empoisonner son mari, l'empereur Claude, est néanmoins celui d'un monstre froid et avide de meurtre. Dans *Britannicus*, de Racine, nous la voyons confrontée à son propre fils, Néron, qu'elle a installé sur le trône impérial après en avoir écarté Britannicus, le fils de Claude. Mais elle qui comptait, par personne interposée, assouvir sa soif de puissance, est laissée pour compte par Néron, dévoré d'ambition, placé, comme Macbeth, dans la spirale sans fin du crime. Impuissante à tuer physiquement son fils, elle profère cette malédiction à la fin de la pièce :

Poursuis, Néron, avec de tels ministres.
Par des faits glorieux tu te vas signaler.
Poursuis. Tu n'as pas fait ce pas pour reculer.
Ta main a commencé par le sang de ton frère ;
Je prévois que tes coups viendront jusqu'à ta mère.
Dans le fond de ton cœur je sais que tu me hais ;
Tu voudras t'affranchir du joug de mes bienfaits.
Mais je veux que ma mort te soit même inutile.
Ne crois pas qu'en mourant je te laisse tranquille.
Rome, ce ciel, ce jour que tu reçus de moi,
Partout, à tout moment, m'offriront devant toi.
Tes remords te suivront comme autant de furies ;
Tu croiras les calmer par d'autres barbaries ;
Ta fureur, s'irritant soi-même dans son cours,
D'un sang toujours nouveau marquera tous tes jours.
Mais j'espère qu'enfin le ciel, las de tes crimes,
Ajoutera ta perte à tant d'autres victimes,
Qu'après t'être couvert de leur sang et du mien,

Tu te verras forcé de répandre le tien ;
Et ton nom paraîtra, dans la race future,
Aux plus cruels tyrans une cruelle injure.
Voilà ce que mon cœur se présage de toi,
Adieu, tu peux sortir.

Racine, *Britannicus* (v. 1672 à 1694), 1669.

Mère Ubu

•

À l'aube du XXe siècle, tout à la fois farce et tragédie, une pièce provocatrice défraie la chronique : *Ubu-Roi*, d'Alfred Jarry. Le titre renvoie explicitement à *Œdipe-Roi*, de Sophocle. Quant à l'intrigue, elle reprend largement celle de Macbeth : la femme d'un capitaine des dragons pousse son mari à massacrer la famille royale. Celui-ci s'exécute, avant de régner en tyran. Mais la noble Écossaise est devenue, sous la plume de Jarry, une harengère, au langage ordurier, préoccupée de ménage et de cuisine autant que d'ascension politique...

PÈRE UBU. *Merdre !*
MÈRE UBU. *Oh ! voilà du joli, Père Ubu, vous estes un fort grand voyou.*
PÈRE UBU. *Que ne vous assom'je, Mère Ubu !*
MÈRE UBU. *Ce n'est pas moi. Père Ubu,. c'est un autre qu'il faudrait assassiner.*
PÈRE UBU. *De par ma chandelle verte, je ne comprends pas.*
MÈRE UBU. *Comment... Père Ubu, vous estes content de votre sort ?*
PÈRE UBU. *De par ma chandelle verte, merdre, madame, certes oui, je suis content. On le serait à moins : capitaine de dragons, officier de confiance du roi Venceslas, décoré de l'ordre de l'Aigle Rouge de Pologne et ancien roi d'Aragon, que voulez-vous de mieux ?*
MÈRE UBU. *Comment ! Après avoir été roi d'Aragon vous vous contentez de mener aux revues une cinquantaine d'estafiers armés de coupe-choux, quand vous pourriez faire succéder sur votre fiole la couronne de Pologne à celle d'Aragon ?*
PÈRE UBU. *Ah ! Mère Ubu, je ne comprends rien de ce que tu dis.*
MÈRE UBU. *Tu es si bête !*
PÈRE UBU. *De par ma chandelle verte, le roi Venceslas est encore bien vivant ; et même en admettant qu'il meure, n'a-t-il pas des légions d'enfants ?*
MÈRE UBU. *Qui t'empêche de massacrer toute la famille et de te mettre à leur place ?*
PÈRE UBU. *Ah ! Mère Ubu, vous me faites injure et vous allez passer tout à l'heure par la casserole.*
MÈRE UBU. *Eh ! pauvre malheureux, si je passais par la casserole, qui te raccommoderait tes fonds de culotte ?*
PÈRE UBU. *Eh vraiment ! et puis après ? N'ai-je pas un cul comme les autres ?*
MÈRE UBU. *A ta place, ce cul, je voudrais l'installer sur un trône. Tu pourrais augmenter indéfiniment tes richesses, manger fort souvent de l'andouille et rouler carrosse par les rues.*

Alfred Jarry, *Ubu-Roi*, I, 1, 1896.

Lady Macbett

•

En 1972, Eugène Ionesco reprend le thème de *Macbeth*, dans une pièce qu'il intitule *Macbett*.
Lady Macbett n'existe que le temps d'une brève métamorphose ; la première sorcière parvient à emprisonner la femme du roi Duncan, et à prendre ses traits. C'est sous l'apparence de Lady Duncan qu'elle convainc Macbett de tuer son souverain, avant de l'épouser : la voilà devenue Lady Macbett, le temps d'une courte cérémonie...

> LADY MACBETT. *Aux chiens, cette couronne sacrée et bénite !* (Elle jette la couronne. Elle enlève le collier avec une croix qui était sur sa poitrine.) *Elle m'a brûlée, cette croix ! J'ai une blessure sur ma poitrine. Mais je l'ai chargée de maléfices.* (Pendant ce temps la suivante ouvre la valise et sort les vieux effets des sorcières et l'habille.) *Le combat de deux puissances, celle d'en haut et celle d'en bas, se livre dans la croix. Quelle sera la plus forte ? Quel champ de bataille, si réduit, mais dans lequel se condense la guerre universelle ! Aide-moi ! Dégrafe ma robe blanche, symbole d'une dérisoire virginité. Enlève-la vite, celle-là aussi me brûle. Et je crache l'hostie qui s'est heureusement arrêtée dans ma gorge ! Elle était épine et braise. Donne-moi la gourde, pleine de vodka épicée et ensorcelée. Cet alcool de 90° est pour moi comme l'eau la plus fraîche. Deux fois j'ai failli m'évanouir devant les icônes qu'on présentait à ma vue et à mon toucher. Mais j'ai tenu bon. J'en ai baisé une, pouah ! Que c'était dégoûtant !* (Pendant tout ce temps la suivante la déshabille.) *J'entends du bruit, dépêche-toi.*
> LA SUIVANTE. *Tout de suite, ma chère, tout de suite.*
> LADY MACBETT ou PREMIÈRE SORCIÈRE. *Allez, allez, allez ! Que je retrouve mes frusques !* (Elle n'a plus sur elle qu'une sorte de chemise sale.) *Et ma vieille robe pouilleuse. Et mon tablier avec ses vomissures. Et mes brodequins crottés, vite ! Enlève cette perruque ! Que je retrouve mes cheveux gris et sales ! Et redonne-moi mon menton ! Reprends mes dents ! Refais mon nez pointu comme il l'était, et mon bâton ferré au bout empoisonné.*

Eugène Ionesco, *Macbett*, Gallimard.

Le but poursuivi par l'éphémère Lady Macbett – alias la première sorcière – est, conformément aux ordres d'un satanique « patron », d'installer sur le trône l'épouvantable Macol. Celui-ci fera sienne, au premier degré, la profession de foi tyrannique dont Malcolm avait usé pour s'assurer le loyalisme de Macduff : *« Je sens que tous les vices sont si bien greffés en moi que, lorsqu'ils s'épanouiront, le noir Macbett semblera pur comme neige, et notre pauvre pays le tiendra pour un agneau, en comparant ses actes à mes innombrables méfaits »*. (Shakespeare, *Macbeth*, IV, 3, 1606. Ionesco, *Macbett*, scène finale, 1972.)

Apparence trompeuse

•

• **Dans la pièce :** *« Je n'ai jamais vu un jour si horrible et si beau »* : telle est la première parole de Macbeth, dès qu'il entre en scène (I, 3). Il affirme, par là, son incapacité à cerner le réel, à distinguer le vrai du faux.

Cette problématique de l'apparence trompeuse traverse toute la pièce : erreurs d'appréciation de Duncan, de Macbeth et de sa femme, feintes politiques de Lady Macbeth et de Malcolm rythment la tragédie.

Le règne de la confusion est peut-être établi par les sorcières, qui ouvrent le drame : *« le beau est affreux, et l'affreux est beau »*, proclament-elles (I, 1). Il est établi, aussi, par la confusion idéologique qui pèse sur l'Europe et sur l'Angleterre, entre le XVIe et le XVIIe siècles : quelles certitudes peut conserver l'homme, si la terre n'est plus le centre du cosmos, si l'Église n'est plus une et universelle ? Pour Shakespeare, témoin des drames sanglants qui ont déstabilisé son pays, *« le monde entier est un théâtre, et tous, hommes et femmes, n'en sont que les acteurs. Chacun y joue successivement les différents rôles d'un drame en sept âges »* (Jacques, dans *Comme il vous plaira*).

Cet univers consacre le règne de l'illusion, illusion sur les autres et sur soi-même.

C'est ainsi que Duncan, investi du pouvoir royal, ne parvient pas à agir avec tout le discernement que son rang implique ; il croit s'y connaître en hommes, mais commet faute sur faute en la matière : *« il n'est point d'art pour découvrir sur le visage les dispositions de l'âme : c'était un gentilhomme sur qui j'avais fondé une confiance absolue »*, dit-il, en parlant du traître Cawdor. Et, quelques instants plus tard, il fait à Macbeth cette dangereuse promesse : *« je viens de te planter, et je travaillerai à te faire parvenir à la plus haute croissance »* (I, 4).

Mais peut-être les choses se présentent-elles à lui sous une apparence fallacieuse ? : *« la situation de ce château est charmante ; l'air se recommande à nos sens délicats par sa légèreté et sa douceur »*, dit-il, en approchant de la demeure de Macbeth, qu'il baignera de son sang (I, 6).

Son meurtrier, pas plus que lui, n'est capable de percer le halo d'ambiguïté qui entoure le réel : *« Qui peut faire la presse sur une forêt, et sommer un arbre de détacher sa racine fixée en terre ? Douces prédictions ! Ô bonheur ! »* s'exclame le tyran, quand les sorcières lui révèlent, de manière voilée, la stratégie militaire qui assurera sa défaite (IV, 1).

Quant à sa femme, elle ne parvient pas à voir clair en elle-même : elle a décidé, par le verbe et par l'action, de devenir un monstre, où serait banni *« tout accès à la pitié »* (I, 6), mais elle refuse d'admettre que sa vraie nature ne peut supporter *« l'odeur du sang »* (V, 1).
Du paraître, elle fait une manière d'être, mais elle meurt déchirée par cette contradiction, qu'elle ne maîtrise pas : *« Pour tromper le monde, paraissez comme le monde : ayez la cordialité dans le regard, dans le geste, dans la voix ; ayez l'air de la fleur innocente, mais soyez le serpent qu'elle cache »* (I, 6).

Les personnages, conscients du pouvoir de la feinte, y ont recours, les uns pour dissimuler leurs desseins meurtriers, les autres pour vaincre le Mal.
Malcolm possède parfaitement l'art de la feinte, mais c'est pour le triomphe du Bien qu'il l'utilise, et cette maîtrise politique lui a été accordée par Dieu lui-même :

> MALCOLM. *Macduff, cette noble émotion, fille de l'intégrité, a effacé de mon âme les noirs scrupules et réconcilié mes pensées avec ta loyauté et ton honneur. Le diabolique Macbeth a déjà cherché par maintes ruses pareilles à m'attirer en son pouvoir, et une sage prudence me détourne d'une précipitation trop crédule. Mais que le Dieu d'en haut intervienne seul entre toi et moi ! Car, dès ce moment, je me remets à ta direction et je rétracte mes calomnies à mon égard ; j'abjure ici les noirceurs et les vices que je me suis imputés, comme étrangers à ma nature. Je suis encore inconnu à la femme ; je ne me suis jamais parjuré ; c'est à peine si j'ai convoité ce qui m'appartenait ; à aucune époque je n'ai violé ma foi ; je ne livrerais pas en traître un démon à un autre ; j'aime la vérité non moins que la vie ; mon premier mensonge, je viens de le faire contre moi-même.*
>
> *Macbeth*, IV, 3.

La tragédie de *Macbeth* est, en grande partie, celle d'hommes victimes des apparences : les actions accomplies échappent à leur auteur, parce qu'elles ont un double sens, et qu'elles sont liées à un destin tout-puissant, sur lequel il n'a pas prise ; *« il n'y a plus rien de sérieux dans ce monde mortel : tout n'est que hochet »*, constate Macbeth (II, 3).

• **Rapprochements :** *Macbeth*, tragédie de l'illusion, renvoie, en miroir, l'image d'une autre tragédie de Shakespeare sur le même thème : *La Tempête*.
Macbeth, homme de chair, et prisonnier de ses pulsions humaines, veut devenir roi. En cherchant à atteindre l'Être Royal, il devient un

pantin, qui se disloque dans un monde que dirigent des chimères. Ce monde, Prospero, héros de *La Tempête,* le maîtrise, car il est magicien. Mais lorsqu'il renonce à son royaume, et perd ses illusions, il se perd lui-même : il était Illusion.

> PROSPERO. *Nos divertissements sont finis. Nos acteurs, je vous en ai prévenu, étaient tous des esprits ; ils se sont fondus en air, en air impalpable. Un jour, ... de même que l'édifice sans base de cette vision, les tours coiffées de nuées, les magnifiques palais, les temples solennels, ce globe immense lui-même, et tout ce qu'il contient, se dissoudront, sans laisser plus de brume à l'horizon que la fête immatérielle qui vient de s'évanouir ! Nous sommes de l'étoffe dont sont faits les rêves, et notre petite vie est enveloppée dans un somme...*
>
> Shakespeare, La *Tempête,* IV, 1.

Grâce

•

Dans la discussion sur la royauté qui a lieu entre Macduff et Malcolm à l'acte IV, Malcolm donne une définition des grâces qu'un roi devrait posséder. (L'importance du mot «*grâce*» dans ce contexte est quelque peu perdue dans la traduction de Hugo, vu qu'il traduit «*grâces*» par «*vertus*».)

> MALCOLM. *Des vertus ! Mais je n'en ai pas. Celles qui conviennent aux rois, la justice, la sincérité, la tempérance, la stabilité, la générosité, la persévérance, la pitié, l'humanité, la piété, la patience, le courage,. la fermeté, je n'en ai pas une once.* (IV, 3)

La «*grâce*» est associée à la faveur de Dieu. Duncan est un roi légitime et c'est pour cela qu'il est décrit comme «*gracious*» (plein de grâce). La «*grâce*» est aussi le pouvoir donné par Dieu à l'âme pour lui permettre d'atteindre la vertu et le salut. Shakespeare insiste sur le fait que les enchantements des sorcières endorment Macbeth dans une fausse sécurité et le placent au-delà de la «*grâce*» de Dieu. Ici, Hugo traduit «*grâce*» par «*religion*».

> HÉCATE. *Il insultera le destin, narguera la mort, et mettra ses espérances au-dessus de la sagesse, de la religion et de la crainte. Et, vous le savez toutes, la sécurité est la plus grande ennemie des mortels.* (III, 5)

Au contraire, Édouard, le roi anglais, est présenté comme le roi vertueux sous tous ses aspects et, par conséquence, rempli par la grâce de Dieu :

> LE SEIGNEUR. *Le fils de Duncan... est reçu par le très pieux Édouard avec tant de grâce que la malveillance de la fortune ne lui fait rien perdre des honneurs qui lui sont dus.* (III, 6)
>
> MALCOLM. *Outre cette étrange vertu, il a le céleste don de prophétie ; et les mille bénédictions suspendues à son trône le proclament plein de grâce.* (IV, 3)

Le dernier discours de Malcolm dans la pièce insiste sur le fait que l'ordre politique et l'harmonie seront recouvrés par la grâce de Dieu, maintenant que le mal est détruit :

> MALCOLM. *Enfin, tous les actes urgents qui nous réclament, nous les accomplirons, avec la grâce de Dieu, dans l'ordre, en temps et lieu voulus.* (V, 9)

Monarchie, reflet de l'ordre universel

•

• **Dans la pièce :** Dieu a mandaté le roi pour faire régner l'ordre naturel au sein d'une nation : c'est cette perception du pouvoir royal qui domine sous le règne de Jacques Ier, qui transparaît dans l'œuvre de l'auteur dramatique qu'il protège, Shakespeare.
C'est parce que Macbeth sait que son souverain tient son autorité de Dieu qu'il hésite à tuer Duncan. Qu'il passe à l'acte, et « *la pitié, pareille à un nouveau-né tout nu chevauchant l'ouragan, ou à un chérubin céleste qui monte les coursiers invisibles de l'air, claironnerait l'horrible action aux yeux de tous, jusqu'à noyer le vent dans un déluge de larmes* » (I, 7).

Avant même que Duncan ait été tué, la nature avait la prescience de ce crime et des bouleversements qui s'ensuivraient : « *la nuit a été tumultueuse... on a entendu des lamentations dans l'air, d'étranges cris de mort et des voix prophétisant avec un accent terrible d'affreux embrasements et des événements confus qui couvent une époque de calamités* » (II, 3).

Après le crime, de monstrueux prodiges se multiplient : *« les cieux, troublés par l'acte de l'homme, en menacent le sanglant théâtre »* (II, 4), les chevaux de Duncan *« s'entre-dévorent » (ibid.) : « cela est contre nature, comme l'action qui a été commise » (ibid.).*
Duncan, roi d'Écosse, incarne donc l'ordre voulu par Dieu. Toucher à sa personne, c'est ébranler tout l'univers. Mais l'onction divine est accordée à tout souverain légitime ; le roi d'Angleterre, nous rapporte-t-on à l'acte IV, a le pouvoir de guérir des sujets *« couverts d'ulcères » : « il laisse à la dynastie qui lui succédera le pouvoir béni de guérir. Outre cette étrange vertu, il a le céleste don de prophétie ; et les mille bénédictions suspendues à son trône le proclament plein de grâce »* (I, 3).

C'est pourquoi Macbeth, qui a usurpé le trône par la violence, ne peut être qu'un tyran, non un roi. Loin d'incarner, par sa politique, l'harmonie naturelle, il est dénoncé comme criminel par toute la nature, et *« il y aura du sang versé ; on dit que le sang veut du sang. On a vu les pierres remuer et les arbres parler. Des augures, des révélations intelligibles ont, par la voix des prés, des corbeaux et des corneilles, dénoncé l'homme de sang le mieux caché... »* (III, 4).

• **Rapprochements :** La littérature française du XVIIe siècle s'attache, elle aussi, à ce thème d'un ordre universel dont le roi serait le représentant au sein d'une nation. Toute transgression de l'ordre biologique, moral, politique remet en cause les fondements mêmes de l'équilibre du monde, dont le roi est le garant sur terre. Dans *Tartuffe*, de Molière (1664), l'harmonie d'une famille est brisée par un imposteur qui prétend, au nom de la vertu, prendre le bien du père, devenir l'amant de sa femme, et épouser sa fille. Dans la dernière scène de la pièce, toutes les choses sont remises en place grâce à l'intervention spectaculaire de l'exempt, qui est le porte-parole du roi Louis XIV en personne :

Remettez-vous, Monsieur, d'une alarme si chaude
Nous vivons sous un prince ennemi de la fraude,
Un prince dont les yeux se font jour dans les cœurs,
Et que ne peut tromper tout l'art des imposteurs.
D'un fin discernement sa grande âme pourvue
Sur les choses toujours jette une droite vue ;
Chez elle jamais rien ne surprend trop d'accès,
Et sa ferme raison ne tombe en nul excès.
Il donne aux gens de bien une gloire immortelle.

Molière, *Tartuffe* (v. 1905-1913), 1664.

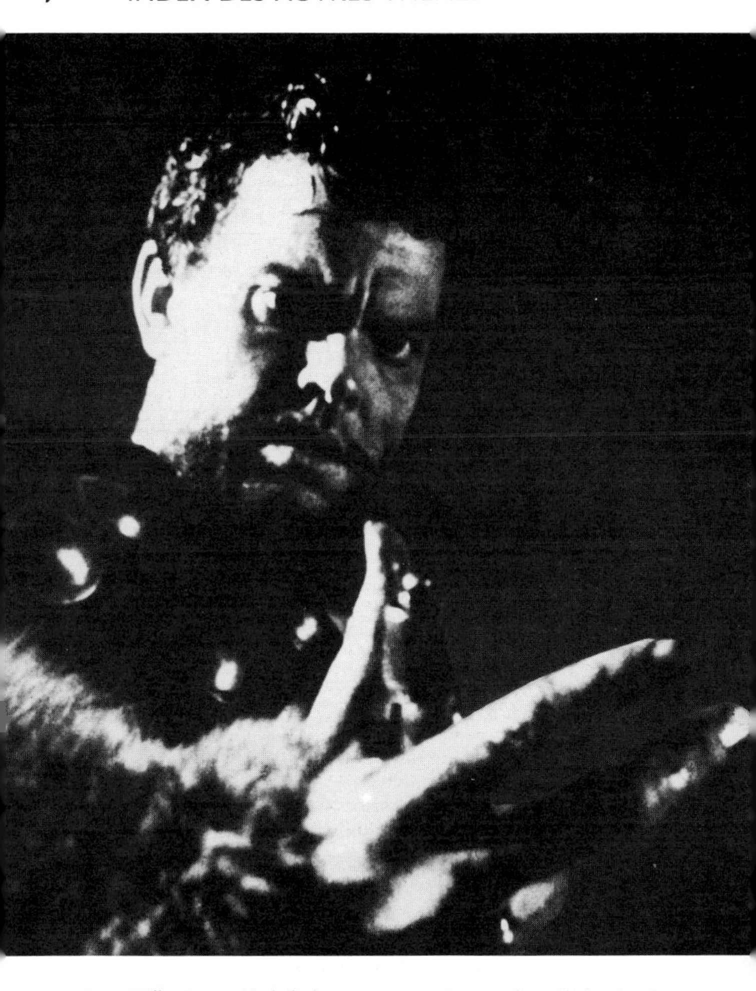

Orson Welles incarne Macbeth dans sa version cinématographique de la pièce de Shakespeare.

Sang

•

Le sang est un thème fondamental dans *Macbeth*. La pièce est située dans un contexte violent et barbare et, pour le public d'origine qui assistait à la représentation, le fait qu'elle se situe en Écosse lui permettait d'associer féodalisme primitif et semi-anarchie. Les premiers mots prononcés par un mortel dans la pièce créent ce contexte :

> DUNCAN. *Quel est cet homme ensanglanté ? Il peut, à en juger par l'état où il est, nous donner les plus récentes nouvelles de la révolte.* (I, 2)

Le sang est l'image qui va hanter Macbeth pendant toute la pièce. Il le voit sur le poignard qui lui apparaît dans une hallucination juste avant le meurtre de Duncan ; le fantôme de Banquo, qui n'est vu que par Macbeth (III, 4) est couvert de sang ; la deuxième apparition (IV, 1) qui dit à Macbeth d'être *« sanguinaire, hardi et résolu, car nul être né d'une femme ne pourra nuire à Macbeth »* est décrit sous la forme d'un *« enfant ensanglanté »*. Macbeth reconnaît la force et la signification de l'image :

> MACBETH. *Les leçons sanglantes que nous enseignons reviennent, une fois apprises, châtier le précepteur.* (I, 7)

> MACBETH. *Il y aura du sang versé ; on dit que le sang veut du sang. On a vu les pierres remuer et les arbres parler. Des augures, des révélations intelligibles ont, par la voie des pies, des corbeaux et des corneilles, dénoncé l'homme de sang le mieux caché...* (III, 4)

> MACBETH. *J'ai marché si loin dans le sang que, si je ne traverse pas le gué, j'aurai autant de peine à retourner qu'à avancer.* (III, 4)

> MACBETH. *De tous les hommes, je n'ai évité que toi seul ; mon âme est déjà trop chargée du sang des tiens.* (V, 8)

Après avoir assassiné Duncan, Macbeth dit que toute l'eau de la mer ne suffirait à laver le sang de Duncan, ce qui indique qu'il reconnaît là l'énormité de son crime :

> MACBETH. *Quelles sont ces mains-là ? Ah ! elles m'arrachent les yeux ! Tout l'océan du grand Neptune suffira-t-il à laver ce sang de ma main ? Non ! C'est plutôt ma main qui donnerait son incarnat aux vagues innombrables, en empourprant ses flots verts.* (II, 2)

En comparaison, Lady Macbeth tente de banaliser ce meurtre en suggérant que le sang peut être facilement lavé par l'eau :

> LADY MACBETH. *Allez chercher de l'eau, et lavez votre main de cette tache*

> *accusatrice. Pourquoi n'avez-vous pas laissé à leur place ces poignards ? Il faut qu'ils restent là-haut : allez les reporter ; et barbouillez de sang les chambellans endormis.* (II, 2)

Mais l'image du sang revient la hanter, ce qui est montré de façon dramatique dans la scène où elle marche dans son sommeil (V, 1), lorsqu'elle tente frénétiquement d'ôter l'odeur du sang de sa main :

> LADY MACBETH. *Il y a toujours l'odeur du sang... Tous les parfums d'Arabie ne rendraient pas suave cette petite main ! Oh ! Oh ! Oh !* (V, 1)

Sommeil

•

À travers toute la pièce, le sommeil est associé à la paix et à la tranquillité. C'est un état naturel harmonieux dont Macbeth est privé après avoir assassiné Duncan, et il le sait :

> MACBETH. *Il m'a semblé entendre une voix crier : « Ne dors plus, Macbeth a tué le sommeil ! » Le sommeil innocent, le sommeil qui démêle l'écheveau embrouillé du souci, le sommeil, mort de la vie de chaque jour, bain du labeur douloureux, baume des âmes blessées, le plat de résistance de la grande nature, aliment suprême du banquet de la vie !* (II, 2)

Le sommeil est également associé à la nuit, moment où les humains sont particulièrement vulnérables face aux forces du mal :

> MACBETH. *Maintenant, sur la moitié de ce monde, la nature semble morte, et les rêves mauvais abusent le sommeil sous ses rideaux...* (II, 1)

Le sommeil troublé par les cauchemars conduit Macbeth au désespoir et à la ruine :

> MACBETH. *Mais puissions-nous voir craquer la création et s'abîmer le ciel et la terre, plutôt que de manger toujours dans la crainte et de dormir dans l'affliction de ces rêves terribles qui nous agitent chaque nuit !* (III, 2)

Espérant la fin des troubles politiques, l'un des seigneurs écossais attend le jour où Dieu les aidera à rétablir l'ordre et à faire de nouveau de la nuit un moment de repos :

> LE SEIGNEUR. [...] *afin que, grâce à ce secours et à la sanction du Très-Haut, nous puissions à nouveau mettre le couvert sur notre table, dormir toutes nos nuits, délivrer nos fêtes et nos banquets des couteaux sanglants...* (III, 6)

Virilité

•

Les déclarations sur les vertus viriles et la masculinité sont suffisamment fréquentes pour que nous les considérions comme l'un des thèmes de la pièce. Dans l'acte I, scène 2, Duncan parle de Macbeth comme d'un *« vaillant cousin, digne gentilhomme »*, après avoir entendu le récit de ses exploits virils dans la bataille.

> LE CAPITAINE. *Car le brave Macbeth (il mérite bien ce nom), dédaignant la Fortune et brandissant son épée toute fumante de ses sanglantes exécutions, en vrai mignon de la Valeur, s'est taillé un passage jusqu'à ce misérable...* (I, 2)

Lady Macbeth raille Macbeth en l'accusant d'un manque de virilité quand il commence à avoir des doutes sur le bien-fondé de l'assassinat de Duncan. Pour elle, la virilité est associée à l'ambition cruelle :

> LADY MACBETH. *Quand vous l'avez osé, vous étiez un homme ; et maintenant, soyez plus que vous n'étiez, vous n'en serez que plus homme.* (I, 6)

Elle lui fait les mêmes reproches parce qu'il montre sa peur en public lorsqu'il voit le fantôme de Banquo :

> LADY MACBETH. *Mangez, et ne le regardez pas... Êtes-vous un homme ?*
> MACBETH. *Oui, et un homme hardi à oser regarder en face ce qui épouvanterait le démon.* (III, 4)

Macbeth tente désespérément de retrouver sa maîtrise de soi en affirmant son identité en termes de virilité et d'héroïsme. Mais le spectacle du fantôme de Banquo lui est trop difficile à supporter :

> MACBETH. *Tout ce qu'ose un homme, je l'ose. Approche sous la figure de l'ours velu de Russie, du rhinocéros armé ou du tigre d'Hyrcanie, prends toute autre forme que celle-ci, et mes nerfs impassibles ne trembleront pas. Ou bien redeviens vivant, et provoque-moi au désert avec ton épée ; si alors je m'enferme, déclare-moi la poupée d'une petite fille. Hors d'ici, ombre terrible.* (III, 4)

Il y a quelque ironie à rappeler que Macbeth a poussé les assassins de Banquo en faisant appel à leur virilité et en suggérant qu'aucun homme digne de ce nom n'aurait peur de tuer l'ennemi (III, 1).
Lorsque Macduff apprend que sa famille a été assassinée, il est accablé par le chagrin. Malcolm l'encourage à prendre la nouvelle en faisant preuve de stoïcisme viril mais Macduff insiste sur le fait que le chagrin et l'émotion sont aussi des attributs virils.

> MALCOLM. *Réagissez comme un homme.*
> MACDUFF. *Oui ! mais il faut bien aussi que je ressente ce malheur en homme.* (IV, 3)

■

BIBLIOGRAPHIE

Macbeth, traduction de François-Victor Hugo revue par Yves Florenne, Livre de Poche.
Macbeth, traduction de Pierre Leyris, Aubier-Montaigne, 1977.
Shakespeare par lui-même, J. Paris, coll. Ecrivains de toujours, Le Seuil.
Le Théâtre, Bordas, 1980.

ICONOGRAPHIE

XVIIe siècle : les peintures de Brueghel l'Ancien (par exemple : *Le Triomphe de la mort* au musée national du Prado, Madrid, et *La Chute des anges rebelles* aux musées royaux, Bruxelles).
XIXe siècle : Théodore Chassériau peint de nombreuses scènes inspirées des œuvres de Shakespeare.

FILMOGRAPHIE

Macbeth, Orson Welles, 1947-1950.
Macbeth, Roman Polanski, 1971.

Imprimé en France par Hérissey à Évreux - N° 68670
Dépôt légal N° 7262-04/95 – Collection N° 10 – Édition N° 04

16/6270/9